U0011835

# 咱台灣的味

# 以歌佐餐

　　文化是抽象的概念，但若以飲食來表現文化，文化不但具象而且立馬鮮活起來；所以有人說要瞭解一個新城市，就去逛逛它的菜市場或餐廳。

　　台灣是移民社會，不同的殖民者就會帶入不同的飲食文化，清朝官員帶入福州的佛跳牆、五柳枝、網紗卷，日本人帶來刺身、壽司、清酒、啤酒，以及日式洋食，台北長安西路的波麗路，從昭和時代迄今，咖哩牛肉飯、鴨子飯的味道，連同餐盒都保留日式遺緒；戰後，國民黨倉皇辭廟，帶來百萬移民以及豐富的飲食，台灣人開始吃牛肉麵與燒餅油條豆漿；經濟富裕了，很多異國食物也進來了，漢堡、炸雞、可樂，有人認為粗魯不文，但年輕人好之若鶩。

　　所以啦，甚麼叫做「台灣味」？任何食材料理落地生根為台灣人接受，就是「台灣味」，台灣的泰國菜有「月亮蝦餅」，這是在泰國找不到的泰國料理，這也是「台灣味」；「台灣味」不必文化沙文，台灣人就是大器，就是兼容並蓄。

　　《咱台灣的味》讓我們跟隨荒山亮，不但吃喝，還以歌佐餐，認識百年來的台灣文化變遷。

華視 ／ 董事長

鄭自隆

# 阿嬤手路菜——台灣

　　每個人的心中，永遠都保存著"阿嬤手路菜"的味道，即使浪跡全世界，還是最想念那道平淡卻深刻的滋味。台灣，就像是我們的母親，就是那份記憶中的滋味。

　　婆娑之洋、美麗之島，一年四季有著不同的景色與豐饒的物產，由北至南、從西到東，乃至於外島，每一個城市、鄉鎮各自精彩並堆積出多元的人文底蘊。台灣，不僅特色美食聞名世界，濃厚的人情味與在地的故事，更是為人所津津樂道。

　　在美食當前，享受珍饌佳餚同時，《咱台灣的味》更是努力在探索飲食與在地的連結，讓美食節目不單純只是吃吃喝喝、走走看看。我們可以跟隨製作團隊上山下海，遊客庄、踏部落、走眷村、跑海港，挖掘每個所在的台灣歷史發展痕跡，以及背後所蘊藏的文化意涵，並賦予台灣美食節目更具深度的人文價值。

　　《咱台灣的味》在找尋各地美食記憶的同時，也引領大家重新認識這塊我們生長的土地，並透過豐富的美食文化，提醒著大家更珍惜腳下的寶島－台灣。就讓我們跟著《咱台灣的味》探索記憶中的那份滋味。

華視 / 前董事長

陳郁秀

# 在地的古早味，從市場裡找尋——台灣

　　台灣是一座美麗且富饒的寶島，除了有迷人的天然風景、文化古跡，也被很多人譽為美食天堂，其中珍珠奶茶和鹽酥雞就作為風靡世界、最具台灣食物的代表，台灣其實還有很多在地的古早味。

　　無論是即將消逝一代傳一代的百年美味，還是小時候記憶中的那一份古早味，然而正港的在地台灣味，就必須從市場裡開始找尋。

　　清晨的市場，就會有不少的店家開始忙碌，平常吃的、再平凡不過的食物，就是這些店家一早摸黑就開始準備的工序。每一份的辛勞，都隱藏在這些食物的背後，而這一份感動，一直存留在我的心中，想要好好地紀錄下來。

　　節目不知不覺地做到了第三年，還有很多的台灣味想要呈現給大家。這一季繼續跟著主持人荒山亮的腳步走訪更多的店家，這一次希望藉由荒山亮的好歌聲，結合各個地區不同的飲食文化，來帶領觀眾瞭解，每一道菜餚背後的傳承以及淵源。

製作人

# 有靈魂的美食故事書

　　《咱台灣的味》是我做過最精緻且質量最高的外景美食節目，二十六集的節目中蒐集了台灣北中南東各地的好美味，有外省、閩南、客家、原住民、異國等各式料理，以及金門、澎湖、蘭嶼等不同於台灣風情的外島特輯，而這麼多精彩的故事及畫面轉化成書籍，用另外一種純文字及圖片的方式呈現，則又有了不同的感受。

　　我從企劃挑選的照片以及編輯撰寫的文字中，去咀嚼他們二次消化節目所帶給他們的感受，那種樂趣就像是看過一部電影以後，跟朋友討論時總會發現每個人所接收到的訊息總是不一樣的。

　　也期待看過這本書的你，若有機會再回頭看《咱台灣的味》節目播出，可以從中獲得到不一樣的感受，將色香味從圖文提升到動態影音，甚至動身來一趟美食之旅，走訪書中或節目中令你感到有意思的街頭巷弄，感受不同地區所帶給你的人文感受，以及品嘗當地職人熱騰騰的手作美味。

總導演

# 台灣最美的滋味

　　這一次除了「獻聲」以外，還要跟著團隊出外景跑透透，撇開以往只在錄音室裡隔著屏幕錄旁白，這次的外景體驗比起之前，讓我學習到更多。

　　如何現場描述食物的口感、和時間賽跑把串次記住，了解一道道美食佳餚背後的故事與含義，我想屬於咱台灣最美好的滋味，莫過於人情味。

　　從台灣頭吃到台灣尾，謝謝熱情招待我的每一個店家，也謝謝辛苦的工作人員，這一次我還有專門寫了一首主題曲結合美食以及音樂，這兩者都是我所熱愛的。

　　節目來到了第三季，就請大家跟著我的腳步繼續探索：咱的城，咱的市，咱台灣的味。

主持人

# 目次
Contents

Artist

藝人

# 音符交織的美味關係

音樂，作為一頓佳餚最好的搭檔，更能讓人沉浸在美好的氛圍，口，被料理滿足；耳，受音符所輕撫，好似穿越到了某個當下，盡情在渲染過後的環境中，享受那段過去，回顧那曾經的種種。

而在食物的世界中，每份料理的誕生，都存在著一份故事，可能是緬懷過往，也可能是親情使然，嘗一口，似乎就可以在美味裡，理解其中的情感。

這個空間當中，飄盪著旋律，讓人隨之擺動。說來神奇，一個音符，很像一個黑色的逗點，平淡無奇，但當不同的音符一起，組合，碰撞，卻可以產生奇觀，變成人們心靈的慰藉，能夠連結著情感，以及回憶。

如果說，音樂，是荒山亮的人生，那料理，就是他的熱愛。

在忙碌的工作與生活不斷交疊，在步伐快速的現代都市中，為自己料理，成為了紓壓的管道。經過時間的堆疊累積，以及料理經驗的累積，在熱愛當中，也到了想要分享給別人享用的地步。

美墨料理，最重要的就是烤，煎，炸，掌握火候、精準計時，才能做出絕美佳餚。尤其是漢堡排的製作，肉類在做成肉排前，需要經過長時間的熬煮，才能逼出它的香氣。香嫩多汁的漢堡排，配上蓬鬆的麵包，再加上滿滿的生菜，起司，以及其他配料，滿滿的內餡，讓整個漢堡看起來相當飽滿。

墨西哥夾餅，西班牙語又稱「塔可」（Taco），是墨西哥的傳統食物，用一張小麥粉或是玉米粉製作的薄餅，將肉餡，蔬菜放在薄餅內，配上醬料，捲成一個U形，用手拿著兩側，以餅代碗，盛裝滿滿的餡料，一口咬下，是道地的墨西哥料理。

飯粒則是用來做墨西哥捲餅的，經過油炸之後變得酥脆，裡頭包含肉類和飯，飯要先煮好，再到鍋子內炒，淋上醬料，最後用餅皮包裹住、油炸。一刀切下，從切面看到內餡，看起來相當的紮實。

品嘗一道料理，可以品味很多的東西，能從料理者的生活，來連結口中的美味。就像美墨料理，代表著荒山亮大學時

1. 荒山亮不只是在音樂上唱作俱佳，連動起鍋鏟都有模有樣。 2. 留學於美國的荒山亮，將過去所熟悉的美味漢堡，重新呈現給台灣民眾。 3. 將炒好肉與飯包淋上醬料，再包入餅皮內油炸至酥脆。一刀切下，從切面看到內餡，這就是超人氣的墨西哥捲餅。

代，遠赴美國求學的回憶。而叻沙，對歌手艾成而言，就是乘載著他對馬來西亞家鄉的記憶。

西門町，是許多海內外遊客以及新世代流行文化駐足的地方，有人將此比擬日本新宿，也是台北市西區重要且國際化的消費商圈。對於來到台北實踐夢想的人來說，西門町是追夢的第一步，在這些街道中，可以看到各種獨門絕活展現，為得就

是能讓自己大紅大紫、發光發熱。

位於西門町的艾叻沙，是一家以馬來西亞道地美食為主軸的叻沙店，由歌手艾成所經營，開這家店的原因，是為了在台灣還原馬來西亞的美味。

19年前的艾成，與西門町追夢的人一樣，隻身一人來到台灣圓歌手夢，對於年輕的艾成來說，那股自信並非空穴來風。

4. 雞肉色澤紅潤,搭配道地的醬料享用,彷彿置身於馬來西亞。

從小開始,參加了許多的唱歌與演藝競賽,且都拿到了不錯的成績。他說,當時對馬來西亞人想要唱歌的人而言,台灣是第一首選。於是,他就這樣來到異地築夢。

對比舉著獎盃,意氣風發的樣子,在台灣的那段歲月,居無定所的流浪,實在讓人難以想像。艾成回憶,那個時候面對爸媽的期待,不敢打電話回家,如今卻在西門町這個曾經流浪的地方,建立起自己的店。

艾叻沙,也呼應了艾成的過往,讓這家店的所在,變得更加特別,除了馬來西亞美食的標籤外,也多了一層屬於艾成自己的淵源。

叻沙(Laksa)是一道起源於南洋的娘惹(Nyonya)料理,因為娘惹料理通常都是私傳,因此各家叻沙的做法不同,有多樣的口味,是馬來西亞的代表性料理且不同族群和地方對於叻沙的做法和味道有極大差異。如果說,叻沙是這家店的主角,那海南雞飯,就是叻沙的至親好友。

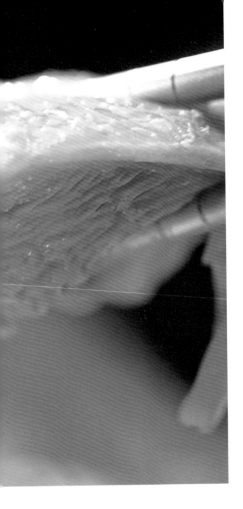

5

6

5.泰國米粒粒分明不黏稠，配上雞高湯蒸煮呈現淡金色。 6.各種香料融合而成的南洋風味，是艾成思念家鄉的情感寄託。

由海南雞飯為開端，來了解叻沙的由來，以及嘗試叻沙的味道。辣椒醬與青蔥醬是海南雞飯的必備醬料；辣椒醬是透過辣椒，蒜頭，薑，金桔，以及雞高湯，經由果汁機攪拌而成，馬來西亞酸甜的口感，就是靠其中的金桔提升那份獨特的味道；綠色的青蔥醬，則是加入青蔥，沙拉油，蒜頭，薑，下去攪拌。

蒜頭與薑用來去腥，沙拉油下去炒則是用來降低油蔥味，提升香氣，這兩種醬料，有些馬來西亞人除了沾雞肉，也會拌著飯攪拌來吃。

飯粒的製作，對於艾叻沙而言，也是重要的環節，加入雞高湯進去蒸煮，水分與煮的時間要計算的十分精確，不然會讓米粒糊成一塊。泰國米跟台灣米相比，泰國米粒粒分明，細長不黏稠，配上雞高湯下去蒸煮，會呈現淡金色。為了迎合台灣人口味的需求，所以在米的比例上，泰國米與台灣米參半，來消除口感的不適應。白色的雞肉，放進鍋內，海南雞肉用雞高湯熬煮，需要下鍋三次，讓水分進入到雞肉內部，平衡雞肉內

部的溫度。

　　每隻雞都要先下鍋，再拿起，讓水從雞的肚子流出，透過雞肉表皮的變化，遇熱表皮會收縮，來觀察溫度受熱是否平均，這個過程要經歷三次，再一隻隻往鍋內排好，熬煮。熬煮出來的雞肉，要進入冰桶冰鎮，來鎖住雞肉的肉汁，最後風乾，作法十分費工。

　　舀起湯頭，放入碗中，裡頭的料滿滿的漂浮在濃厚的湯上，海南雞飯分明的米粒，以及透徹的雞肉，外加特製的兩種醬汁，兩份艾叻沙的好味道，熱氣飄在空中，聽完艾成的故事，就能了解這馬來西亞的原鄉滋味是多麼得來不易。

　　艾成追夢的過程，就像經歷高峰低谷，曾經的失意，現今都化為寶貴的力量。每個人，或多或少都會有自我懷疑的時候，但我們都是自己生命中最美的傑作，不管怎樣，都值得為自己霸氣一回。

　　鏡頭轉換到台中的大雅市場，這裡聚集了大雅地區的生命力，每天早上的叫賣聲不斷，攤商與客人之間親切的互動頻繁；此外，永興宮是附近居民信仰重鎮，也是重要的活動中心，因此吸引不少小吃攤販，巷弄中更蘊藏著許多在地美食，是大雅區最為熱鬧的區域。

　　距離大雅市場不遠的地方，有一間北港羊肉爐，是歌手李子森的家，經營三十幾年在地的好味道，在巷弄，用獨門的湯頭，熬煮香氣逼人的羊肉爐。曾經獲得電視歌唱選秀比賽的總冠軍，因為家中生意

而有「羊肉爐王子」的稱號，今天他暫時卸下歌手身分，回歸「羊肉爐王子」，陪媽媽購買羊肉爐食材。

穿梭在大雅市場內，漢藥店是子森與媽媽的目的地，對子森家的羊肉爐而言，藥材品質的好壞，會直接影響到整個湯頭的味道，也只有子森媽媽知道完整的祕方。

羊肉爐是自 1970 年代晚期，在台灣流行至今的火鍋料理，追溯台灣吃羊肉的歷史，最遠可追到日治時期的高雄岡山，當初有位老闆在舊市場內擔著扁擔沿途叫賣羊肉湯，因湯頭鮮美、暖身驅寒而逐漸打響名號。

子森家的羊肉爐是藥膳湯頭，相較於一般的羊肉爐湯頭，看起來較為清澈，但是不減其中的滋味，湯中有滿滿的蔬菜、地瓜，羊肉的熬煮，透過子森媽媽的精心製作，品質很好，不會有羊騷味，取而代之的是濃濃的漢藥香，以及鮮嫩的口感。

熬煮湯頭時，將大塊的羊肉倒入鍋中，再加上米酒悶煮，之後加上調味料，持續用鍋鏟翻轉。如此繁瑣的處理過程，子森媽媽會負責把關醬料的比例，而子森則負責幫忙翻攪鍋中的羊肉。

體驗地方的風土，餐桌，絕對是最佳的場景，就像是通關密語，通過唇齒舌尖的感受理解當地民情。

艾成與子森，帶領我們嘗到馬來西亞的道地美食，以及香氣十足的羊肉爐。現

在，他們來到我的地盤，吃著我準備的料理，聊天、分享音樂，充分感受滿滿的熱情。

原來，咱台灣的味，除了在台灣各地尋找之外，也可以在身旁的友人當中發掘蹤影。今天，我們沿路收集了許多美味，與幾位好朋友見面，跟他們交流彼此的料理。

羊肉的漢藥香，叻沙特有的濃厚湯頭，依然留存在我的口中，回味無窮。這趟台北與台中的旅程，不僅彼此的情誼，我們也用美食，展現自己對好味道的堅持。從本島到外島，有客庄、眷村、部落、海港、市場，就跟著我行遍台灣各地，探索這些咱台灣的味！

10. 雖然來自不同的背景，但是靠著音樂與美食，將彼此串連在一起

Keelung

基隆

# 望海處的大廚房

十七世紀的大航海時代，北台灣的基隆就已登上世界史的舞台。先後有荷蘭與西班牙人以「大雞籠嶼」（今和平島）做為經略新天地的據點；到了清領時期則湧入大批漢人定居開墾，逐漸發展為市鎮的基礎。1875 年，因航運的地理優勢與煤礦開採，清廷將原名「雞籠」（Ke-lâng）改為「基隆」，一直到現在，大家稱基隆的台語，還是按照雞籠的唸法。

日本統治期間，基隆依舊是全島對外交通的重要門戶，也因為港口的興築與市區建設，讓基隆自此成為台灣的航運樞紐，甚至曾躍居全球第七大貨櫃港，營運量在 1980 年代更達到高峰。在這個背景下，碼頭和市鎮成為許多工人、攤商來往的聚集之地，而先後來到基隆落腳的族群，也在這裡發展出豐富又多元的基隆美食，特別是基隆獨有的海港味。

若要找尋獨特的基隆海港味，就不能錯過和平島的觀光魚市大街，在碧砂漁貨直銷中心規劃完工以前，這裡一直是台北海鮮老饕購買漁獲的集散地。狹長的八尺門水道，隔出基隆市區和和平島，每到下午漁船進港時，漁獲會卸下捕撈的魚，所以新鮮度超級高。也因為這層地緣關係，發展出在地的海港飲食文化，隨處可見與海產有關的攤販、海鮮餐廳，根本不怕吃不到。

談到基隆海港美食，「漁夫鍋」或許是前幾名聯想得到的。漁夫鍋的由來，是討海人出海作業，結束一日的工作後，會將當天捕撈的魚獲煮成鍋物，慰勞彼此的辛勞。況且，食物在海上不容易保存，所以獲取的海鮮通常會用曬乾或醃漬的方式來延長保存期限，這種討海人的飲食習慣被延伸到餐廳，開發出一套饕客們必點的美味料理。

這間在和平島觀光魚市大街上開業 33 年的海鮮餐廳，運用當季與在地食材，在海港邊打響知名度，老闆李毅祥年輕時是正港討海人，所以，為船員們準備漁夫餐、什麼季節要吃什麼海鮮最對味、該如何料理，完全考不倒他。

老闆認為，料理的之所以能夠成功抓住客人的胃，除了烹飪方法，食材的新鮮更是關鍵。每日早晨，老闆便親自至魚市場挑選新鮮漁獲，這個季節剛好有螃蟹、

1

2

3

1. 原基隆漁港的正濱漁港，早在荷西時期就是船隻停泊的港灣，日治時期建成現有的雛形，戰後曾繁榮一時，今積極轉型成休閒碼頭，是基隆打卡新地標。 2. 漁夫鍋涵蓋了各式海產，吃一鍋彷彿置身海底！ 3. 不只火鍋，生猛海鮮經過老闆的巧手，炒出擁有大海風味的炒飯，也是美味絕倫！

烏魚、蛤仔、白蝦等豐富漁獲，全部都一起融入鍋內。烏魚處理後切半炸至酥脆，並以大白菜洗淨做鍋底，放入備好的火鍋料、蛤仔、白蝦、凍豆腐等備好的食材，接著放入鱸魚頭在白菜和鍋料之上，灌入調好的高湯，以兩個蛋打勻油炸，蓋在魚頭上。再來就是等著享用這經典的漁夫鍋了。

李老闆將最新鮮的食材，用最簡單的調味料、最簡易的烹飪手法，讓來者試著感受基隆海上男兒的討海生活，也期盼藉漁夫鍋，讓客人們留下記憶中最深刻的美好。

在港邊吃完海鮮，應該往基隆內部移動了吧！全台灣廟口滿滿是，基隆廟口是鼎鼎有名，尤其是這間經營百年的吳家鼎邊趖，絕對不容錯過。

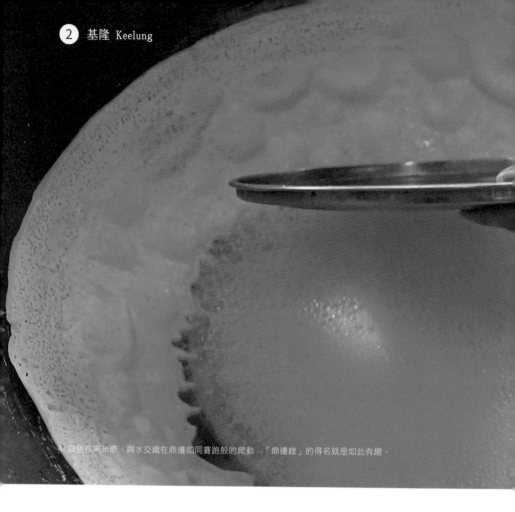

＋ 白色在來米漿，與水交織在鼎邊如同賽跑般的爬動，「鼎邊趖」的得名就是如此有趣。

鼎邊趖（Tiánn-pinn-sô）是台灣極具特色的小吃之一，最初發跡於中國福州，相傳是日本時代移民台灣的福州人引入，是一種將在來米磨成米漿，沿著鼎邊滾一圈，鼎中放一些水，並用火燒熱，米漿混合著水順鼎邊爬動，故以台語稱為「趖」（Sô），因而得名。

傳統的福州鼎邊趖配料並不多，傳到基隆生根後，因為近海港多漁獲，為便於運輸和貯存，漁獲加工成魚漿，也讓鼎邊趖意外結合了魚漿，變成配料豐富的米食湯品，造就有別於原生地的新型態在地美食。

擁有百年歷史的吳家鼎邊趖，很早就在基隆廟口做生意，第一代的經營者吳添福先生於日本時代開創，1956 再由第二代吳振發先生接手，時值台灣電影最輝煌的時期，每當戲院散場，觀眾總是會在此地徘徊解嘴饞，米味、湯頭與配料飄香的吳家鼎邊趖，自然吸引不少人上前光顧。

吳家致力於口味之研究，其特色是

5

6

5. 魚丸伯仔的 65 年老攤、豆干包、乾冬粉等,是基隆廟口的平價美食。6. 有肉、蔬菜、海鮮等多種食材,集於一身成為飄香百年的吳家鼎邊趖。

配料種類多,如肉羹、蝦仁羹、金針、香菇、魷魚、小魚干、竹筍、金勾蝦、高麗菜、蒜頭酥、芹菜等,用超過十種以上的精選湯頭料熬製而成。碗內放入三大片鼎邊趖,還有滿滿的蝦仁漿與佐料,每口都能吃到不同的鮮甜滋味,一定是來到基隆廟口,不可不吃的家傳美食!

基隆人的嘴其實是很刁鑽的,即使是小吃也很講究,在台灣逐漸邁向工商化的世代,傳至目前第三代的吳家,肩負傳承家族事業與發揚傳統小吃的使命感,秉持天然、純手工製作,除了提升料理美味,也希望藉傳統美味喚起民眾對美食文化的認知。

望著船入港灣,迎面聞著夾帶魚味的海風,再換個方向走入聖王廟參拜,沿途享用到的海產與傳統小吃,並回顧美食背後不同的生命經驗,可以感受到歷史堆疊出來的人文資產與美食文化,會發現,其實基隆是座不容忽視的魅力城市。

基隆不斷地展現其港都魅力，期待更多人看見它的美。

Jinshan
金山

# 山海交織的豐收

「金包里」（Kim-pau-lí）是今日新北市金山區的舊稱，距今4500 年前，在這一帶已有史前人類活動的足跡，十七世紀中葉以前是平埔族凱達格蘭族金包里社群（巴賽語：Ki-taparri）的聚落，故以此延伸為名；因為大屯山麓特產硫磺，成為北部原住民與外來者貿易的主要物質，所以古籍中多用「採硫之地」形容金包里。

日本統治時期，1920 年將金包里改稱「金山庄」，戰後國民政府則按原區域改設「金山鄉」，直到 2010 升格改制為「金山區」。金山位處於北濱地區的精華所在，除了富有硫磺的礦山外，突出岬角和弧形沙灘的海岸線，由磺溪沖積而成的肥沃平原，從大屯火山麓一直向海延伸，密佈著形狀不規則的水田，海岸線上在岬角兩側形成磺港、水尾兩個漁港。

日本領台之初，在 1896 年由金包里郵電局長紫藤靜於水尾港及磺溪出海口附近發現天然的熱水冒出，因此著手開發當地溫泉。原先將天后宮（後稱慈護宮）後的溫泉建為公共浴池，此為「舊館溫泉」；到了 1938 年，台灣總督府以招待達官顯要為由，動工興建兩層樓高的磚造洋樓，是為「新館溫泉」。落成之後，包括小林躋造、長谷川清、安藤利吉等幾位台灣總督都喜歡來這裡泡湯，故又稱「總督溫泉」，曾風光一時。

戰後，國民政府將新館被列為海防要塞而駐軍在此，溫泉水源被軍方堵死，後來軍方撤防後，相關建築也就此荒廢，直到 2000 年重新整建，才重新賦予生命，成為「舊金山總督溫泉」。這裡可以遠眺冒煙的硫磺山與碧藍海港，是台灣本島少數可邊泡溫泉邊賞海景的絕佳地點。

隨著時代演變，台灣泡湯的文化也十分盛行，享受完特別的金山溫泉後，會館主廚精心準備的餐點是必須享用的。靠海的地理優勢，就是擁有新鮮的海產作為主餐食材，同時把海邊的石蓴入菜，具有營養價值。

磺港和水尾兩個漁港是金山地區漁獲的主要來源。磺港漁港在 300 年前曾是西班牙殖民時期運輸硫磺的港口，磺港的漁船，每天都泡在溫泉裡，漁獲豐富主要發展延繩釣為主，是金山地區重要的海鮮漁港，當漁獲在磺港上岸後，運往台北城中銷售，帶動了沿線聚落的繁榮，磺港因此有「魚路的起點」，更帶動了金山的繁華。

1. 金山很早就有人類活動足跡，大屯山麓特產硫磺，在大航海時期成為貿易物資。　2. 主持人來到金山，想到有海景又有海味，嘴角上揚難掩興奮。　3. 盛產魚類的水尾漁港，料理一定少不了魚。

　　相較於較多大型漁船停靠的礦港，水尾漁港是寧靜純樸的小漁村，可看到漁船停靠在港口，還有不少釣客在港邊釣魚。而金山地區盛產的魚類，人家說：「一午、二鯧、三鮸、四嘉鱲」，許振燦老闆表示，剛回故鄉創業之初都是從外面叫漁獲，但是煮完吃起來有一種藥水味道，但是基於創業要顧及品質，所以決定配合當地漁船的漁獲量，活跳跳的新鮮食材，口感肉質都比先前好太多。

　　許老闆說，後來問老一輩才知道，我們本港海域有暗石、暗流，魚需要比較費力、使勁地游，所以肉質自然就好，如同放山雞跟飼料雞的差異一般。

　　許老闆在外打拚的那幾年，學了台菜、日本料理、西餐，回到故鄉金山後，新鮮食材在他眼中都是發揮創意的素材，把在外地學的深厚基本功，加上滿腦子的創意，經由他的巧手變成一道道讓人上癮的獨特口味，也是金山才吃得到的在地好

4. 魚的種類百百種,烹飪方式亦然。

料理。

　　在金山隨處可見「黃金」的身影,這些黃金不是金礦,而是在地特產的金山地瓜。因為政府推動一鄉一特色,金山地區的地瓜是台農 66 號紅心甘藷,相較於普遍常見的黃色 54 號,紅心甘藷成為在地人的利基點,有鬆軟綿密的口感,甜度也非常高。

　　這群金山在地人將傳統地瓜田轉型成觀光農場後,花費兩年的時間打造一座地瓜故事館,藉由互動方式讓客人更了解地瓜之外,也開創許多以地瓜為主的創意點心,近幾年來,已成為許多遊客來到金山必買的產品。如地瓜布丁蛋糕、地瓜棒蛋糕、布雪蛋糕等。

　　金山老街又名金包里老街,是目前北海岸僅存的清代老街,已有三百多年的歷史,是金包里住民以前主要的農產、漁獲集散地。這裡有各式各樣的庶民美食,廣安宮廟口前的「金包里鴨肉」、以一口酥、一口麻荖與手工蛋捲聞名的「獅子林

5

6

5. 地瓜風味的糕點，是金山在地農人特有的產物。
6. 無論是在陸地還是海上，金山人秉持著信念，將各種努力打造成金山瑰寶。

餅舖」，還有新鮮水果手工冰淇淋「雪豹冰城」，以及金山特產的「拔絲地瓜」等，隨便選一間就是有故事的老店，老街上甚至保留了傳統的理髮店、米店、布莊、雜貨店，樸實的古早味，讓人可以暫時忘卻都市的煩惱和喧囂。

老街的最前面就是金山人的信仰中心慈護宮，俗話說：「落海靠媽祖，起岸靠王爺。」討海人感謝媽祖保佑他們出海平安，農人們感謝媽祖讓農產豐收，金山人用行動證明在地的文化魅力。

金山是蘊藏許多豐富資產的寶地，依山傍海的優質地理環境，為金山的飲食文化注入優良的基因，透過金山人不斷的與時俱進，傳統跟新時代不斷擦出火花，讓人們每次到金山，都能發現不一樣的驚喜，讓每個來到金山的旅人，用美食感受真真實實的「山珍海味」。

Taipei
台北

# 尋味老牌

「春の夜更けて 江山樓の、心をえぐる 胡弓の音に、獨りゾ思ふ 獨りゾなやむ……」這是「台灣歌謠之父」鄧雨賢曲下所描述大稻埕著名的酒樓飯店之美盛，當時在大稻埕流行一句話：「登江山樓，吃台灣菜，聽藝旦唱曲」，是政商名流、文人雅士往來的匯聚之地，江山樓體現了日本時代台灣上流社會的華麗社交，也為大稻埕繁華的一面下了註記。

1858 年，清廷於鴉片戰爭再度敗北，於是針對英、法兩國開港通商，大稻埕（Tuā-tiū-tiânn）在 1860 年淡水港正式開埠後，成為實際的卸貨口岸，自此，大稻埕逐漸成為北台灣的商業中心，不僅西方國家紛紛設立洋行，台灣本地的茶、糖與樟腦等物資也都外銷世界。到了日本統治時期，除了貿易經濟持續運行外，舉凡文化啟蒙運動、當代政治思潮、美術重要活動、流行音樂發跡等，大稻埕承載著上述的種種，儼然是進步新時代的代名詞。

戰後因應社會形態的變遷而經過商業轉型，但是承襲著超越百年的歷史，大稻埕的人文底蘊仍舊十分豐厚。歷史建築、傳統工藝、民俗藝術、宗教信仰等有形與無形的文化資產，大稻埕替台北市創造不少觀光潮。觀光潮自然少不了在地美食，遊客初來乍到貴寶地，總是要滿足口福才不虛此行。

走在歷史發展悠久的大稻埕町內，「老店」是非常普遍的，特別是永樂市場一帶，就有不少值得懷念的人氣美食，位於永樂市場旁的民樂旗魚米粉便是其中之一。小小的攤位前圍滿著客人的旗魚米粉湯，店家身世可追溯到日本時代，1939 年許貴姿的公公挑著擔子，在大稻埕的路邊賣起旗魚米粉，一直到 40 多年前才有現在的店面。草創期只有兩張桌子，早上六點鐘開賣，一碗旗魚米粉加上香氣濃郁的紅糟肉，吸引不少從各地聞名而來的食客。

鮮嫩的五花肉加上紅糟、鹽、糖、米酒，佐上店家的獨門配方，醃製一天一夜後再入油鍋，客人可以依自己的喜好選擇赤肉或五花，吃口配菜，再喝清澈的招牌米粉湯，實在停不下來！看到人家米粉吃得不亦樂乎，結果自己在一旁流口水，還怕客人吃太急嘴巴燙到，此情此景，總算是體驗什麼叫：「人食米粉，你喝燒」（Lâng tsiàh bí-hún lí huah sio）確實，真的要把握機會品嚐，不然很快就被一掃而空了！

1. 好吃的旗魚米粉只開到中午十二點半，必須把握時間！ 2. 台北大稻埕一直是台灣史上商業、政治、文化發展的重心，帶來人潮，也創造美食。

三月季春，二十四節氣即將來到清明，這一天流傳許多習俗，包括掃墓祭祖、春遊踏青以及吃潤餅。清明節吃潤餅已經和端午食粽、尾牙啖刈包一樣畫上等號，象徵食藝傳承。潤餅皮是潤餅的靈魂，薄薄一片餅皮包裹住所有餡料，吃起來Q彈有咬勁，感受食材的鮮甜爽脆。

吃完旗魚米粉，踏入永樂市場內，看到紅色招牌的「林良號」，飄來一股濃厚又熟悉的餅皮味及炒菜味，循著這份熟悉感瞧個究竟，發現原來是清明必吃的「潤餅」（Lūn-piánn）。

攤位前不時有顧客採買三、五斤外帶，這間傳承三代的老店深受台北人喜愛，每當隆冬尾牙、清明時節更是擠滿排隊人潮，買回家自製潤餅捲，全家團聚享受好味道，美食餐廳也趕來批貨。攤位前的鍋爐火力全開，只見老闆展現俐落身手，熟練地將麵團甩在熱鐵鍋上，三兩下就完成圓形的餅皮，皮薄透光，好功夫讓

3. 一片一片的潔白餅皮，正是「林良號」的招牌好味道。

人看得目不轉睛。藏身在市場內的手工餅皮，連日本 NHK 電視台也來採訪報導，好名聲遠播海外。

「林良號」起家的歷史源於 1930 年，現在的老闆娘林麗玉已是第二代，從小跟

著父親學習，麵團的製作、溫度的掌握，每個程序都非常紮實，至今已累積了一身老練的工夫。不一會兒，鐵鍋上的香氣四溢，一個完美的同心圓已經成形。此外，兒子方梓豪也細心處理潤餅餡料，高麗菜、豆芽菜、豆干絲、蛋皮、紅糟肉、花

4

5

6

4. 光看這潤餅的飽滿程度與豐富的餡料，真不知該從何咬起？ 5. 靠著雙手與一身的老工夫，這家潤餅在大稻埕遠近馳名。 6. 起源於日本時代的林良號，美味一代傳一代，未來將繼續陪鄉親走下去。

生粉等，繽紛的色彩構成豐富的口感。

現做的超薄餅皮讓麵粉清香更鮮明，皮下的餡料則拌著蛋香、高麗菜的清脆及紅糟肉的香甜，多層次的融合在嘴裡，就如同大稻埕的風華，雖幾經更迭卻仍舊延續。

在這裡，還有另一種「餅」的資歷更老，超過 125 年的糕餅老品牌，是最道地的古早味台派糕點。這個從日本時代就流傳至今的台式小點心，老味道之中最經典的非

7. 白鳳豆、蔗糖、大豆油是平西餅的主要原料。

「平西餅」莫屬；象徵著長壽富貴的「平安龜」，用上等的花生糖裹著炒香的黑芝麻，兩種口味和諧共存，常見於古早拜拜的時候，過去是敬拜神明的供品，現在也有社交禮品的功用。這是近幾年來，除了保留傳統手藝外，也致力於賦予老品牌新生命。

糕餅店傳承五代，現今的負責人李佳陽，幾年前離開了電子業，回到家中試圖為百年老店的品牌轉型，創新商品的研發與包裝設計、禮盒命名與體驗式行銷等，讓濃濃台灣味的糕餅，增添了許多不同的價值與意義。百年傳承的老手藝，製作出傳統與新式的糕餅，無論時光如何推移，口齒留香的老味道繼續在新時代繼續流傳。

然而，大稻埕繁華的故事未盡，美麗的滋味刻畫著時代印記，依舊伴隨著大稻埕迎向另一個輝煌，璀璨發光。

Taoyuan
桃園

# 新住民的思鄉天堂

位處桃園市中壢區與平鎮區龍岡交界的忠貞市場，是全台灣最大的滇緬泰美食集散地，這裡流傳著異域的故事，來自中國多元的族群，從故鄉將不同的鄉音、不同的美味、不同的手藝帶來了台灣新家園。

1945 年至 1950 年第二次國共戰爭時期，當時待在雲南、泰國、緬甸、寮國一帶邊界的國民黨軍隊戰況失利，於是從雲南和泰緬邊境橫跨半個中國，渡過台灣海峽，被安置在國民政府遷台後興建的第一座眷村—忠貞新村。軍隊眷屬在定居後，將先前接觸過的滇緬泰飲食作為謀生工具，也多了一樣新的美食文化在此地落地生根。

隨著店家生意的範圍陸續擴大，1970年代便有了現在的「忠貞市場」，成為販售食材和小吃的特色早市。這裡的雲南獨特小吃以米干為主軸，自 2011 年起，每年四月份都舉辦「龍岡米干節」，米干節完整展現雲南少數民族的節慶，以及雲南人致力保存的傳統文化，吸引不少觀光人潮到此品嚐在地美食。

米干作為雲南人的主食之一，以純在來米，手工製作而成，製作費時繁瑣，從緬甸來台的第三代張國偉，每天凌晨四點，天還未光便已開始一天的忙碌。張國偉是緬北雲南人，1981 年，父親為了與母親相聚，他攜家帶眷從緬北來到兩千五百多公里外的台灣，那一年張國偉只有八歲。然而，三代的心相擁，他們就在這裡安身立命，直到六年前，張國偉從父親接棒傳承做米干的技藝，透過這雙手，一代接一代留住家鄉的味道。

大鍋裡沸騰的水聲，整個廚房炊煙裊裊，張國偉手腳俐落地在直徑約一公尺的大圓盤裡刷上一層薄油，舀入剛調好的米漿，細細搖勻後再放入大鍋裡蒸，三分鐘的時間，米漿已經凝結成白色的米干，冒起的大氣泡表示熟透，一旁放涼後再繼續做下一批米干。

放涼的米干，考驗的是製作的功夫，需要俐落地用木筷在圓盤內沿著米干畫圓，再輕輕拉起米干一角，放到竹竿上晒涼整型，柔軟的米干在竹竿上搖晃，潔白剔透，過一會兒再左右向內折，下架堆疊，所有動作一氣呵成。

1. 豌豆粉的製作與一般小吃相比相當繁瑣,製作過程長達約 8 小時。 2. 七彩馬卡龍米干均採用 100% 純米製成之外,更加入天然食材下去染色而成。 3. 忠貞市場異國香料雜貨,東南亞美食調味的大本營。

豌豆粉是米干的重要角色之一,因為過去在緬甸北部接壤中國雲南、泰國、寮國與印度,多山的環境交通困難,而豌豆這種旱地作物自然成了飲食要角,這是婚喪喜慶會在餐桌出現的豌豆粉。張國偉熟練地將雙手伸進冰冷的水裡用力搓洗豌豆,這是前一天浸了一晚的豆子,他反覆清洗了幾回,準備磨漿。

過篩時用布,反覆搖晃,讓渣水分離,分離成豆漿和豆渣,再來得先沉澱靜置四十分鐘,才能進行下一個步驟。

到了上午八點,張國偉出門到忠貞市場採買店內所需的蔬果和香料,製作全忠貞市場只有他才有的獨門七彩米干。哪家有什麼、哪家要買什麼,張國偉心裡早有一張完滿計畫表,他對攤商的品質,如數家珍,熟悉整座忠貞市場的攤子。

採買完,馬不停蹄趕回店裡準備調色,製作七彩米干。張國偉強調,工序

4. 眷村的好滋味，讓人食指大動。

步驟及細節需注意火候的控制、攪拌的力道，也自嘲剛開始做不好，弄得到處都是，早上起來手剝不開，因為爸爸沒有教……。

取上層的豆水放入鍋中煮滾，再把底層澱粉攪勻，慢慢放入煮沸的豆水中。這道工序，首重澱粉與豆水間的比例，加入澱粉時要不停攪動豆水，避免澱粉沾鍋；豆水也得分批加入，太濃稠的豆水遇熱會馬上凝固，導致顆粒產生，影響豌豆粉的口感。

反覆添加與攪拌的工序需持續半小時，煮好的豌豆漿，又濃又稠，放入電鍋保溫，以免凝固，這便是雲南人口中的淅豆粉，淋上醬油、芝麻油、花椒油、蒜末等調味，再灑上花生和香菜，就是雲南人最喜歡的早餐。

張國偉表示，最初製作七彩米干的原因，是因為當時 3 歲兒子愛吃漢堡薯條當早餐，為了吸引兒子攝取足夠的營養，就用甜菜根調製兒子喜歡的紅色米干，其它顏色則有紅蘿蔔、玉米、茴香葉、蝶豆花、

5

6

5.「豌豆粉」原料單純只有豌豆、水和鹽，但吃法根據烹煮方式有4種。 6.色彩繽紛的米干，有別於傳統風味，更增添生命力！

紫米等研製彩色米干，再加上原白色米干，就有了今日的七彩米干。將上述的原料用果汁機打細，再用蝶豆花煮沸，與過濾的純米漿調配，七彩米干就誕生了。

原本是職業軍人的張國偉，退伍之後因為父親也想要退休，父親希望把這個傳統雲南美味留住，於是勸他考慮接棒。張國偉毅然決然地答應，過程中也遇上許多甘苦談，例如很難克服早上太早起，往往起床時，父親已經磨好豆子

了，剛開始的兩三個月手都做到張不開。

一段時間後，張國偉回憶，當時爸爸覺得自己已經可以了，就拿了一個茶壺，裡面放店章和一些零錢給我，說：「現在開始交接給你，從此不再干涉，成敗自負。」的確，從那一天起，張國偉的爸爸再也沒有干涉過店內事務，悠然自得的過他的退休生活，而張國偉也沒讓父親失望，一手扛下父親經營的米干招牌，堅持至今，成為當地人人稱讚的手作好味道。

8

9

10

9. 喬守豐這裡有各式各樣的滷味，每樣的風味都十分獨特。 10. 喬守豐與主持人憶當年。

　　早年醬油在台灣屬於昂貴的食材，所以過去台灣口味對「滷」的飲食文化講究的不是重鹹，而是醬油的淡香味；外省滷味則不然，是用漢方藥材和冰糖下去滷，喬守豐夫婦用的是基本的十三香：八角、花椒、草果、肉荳蔻、小茴香、月桂葉、甘草、丁香、陳皮等，再加上他們的獨門秘方滷出的味道。喬守豐的阿公是緬甸籍華人，因戰爭撤退到雲南，父親從小就加

入戰場，擔任陸軍傳令兵，經歷過生死戰，一生奉獻國家，但勸自己的兒子不要當兵，自己也因為近視無法當兵，但眼看同學都去為國效力，自己當然也會嚮往和崇拜。

　　喬守豐說：「小時候因為環境苦，吃得簡單，父親常自己做家鄉麵食和簡單的滷豆干、豬皮等，過年會滷一鍋，真的很

048

7. 對一般人而言，這是再平常不過的滷味，卻是喬守豐生命中最重要的精神支柱。

好吃，那滋味永遠忘不了！」

　　店內牆上的舊照片、紀念酒、海陸、兩棲等英勇勳章，是喬守豐多年的珍藏，每一件都有它背後的故事，他透過收藏思念父親，也圓了他的軍人夢，這道滷味參與了歷史，許多當年酸、甜、苦、辣的記憶也輪番被喚醒。

　　每一種食材都分桶滷製，而不是全部放在一起，分成豆干類、兩隻腳的、海帶、芋粿等，不只食材分開，每一種滷製時間也都不同，因為蛋白質類食物煮久容易變質，也會變味，如此縝密心細，看似水到渠成，其實背後歷經一段辛苦的摸索過程。

　　因為父親是個會記錄生活點滴的人，他平時有寫日記習慣，也有寫下食譜，生

5 桃園 Taoyuan

11. 結合香料熬煮出的乾式滷味，香甜滋味絕對是世上絕無僅有！

前不懂得學，直到父親過世翻遺物才想試著做，為了找回小時候父親的滷味記憶，喬守豐試了半年，用了十多種不同的漢方藥材，終於讓他找回了記憶中父親的滷味，也串聯起父子倆之間的記憶。

喬守豐靠著這一鍋鍋的眷村滷味回憶父親，他希望能守著父親的味道一直做下去。

舌尖上的酸甜，串起無限的鄉情，在忠貞一賣就賣三十年的甩餅同樣記錄那遙遠的年代。甩餅的原料很簡單，只有糖、麵粉、水、奶油和沙拉油，秘訣在甩的技術，每天純手工現做的餅皮一收一放，反覆在空中一甩再摔在工作台上，得甩得夠透夠薄，把空氣拋進麵皮裡，層層絲絲的千層才做得出來。

12

13

14

12. 甩餅的製作過程可不簡單！ 13. 要煎至金黃酥脆才是合格。

　　傳承至二代的偉倫今年 21 歲，媽媽是緬甸人，三十年前來到台灣，當時是和緬甸師傅學的手藝，來台後再做改良，把餅皮變得有奶香味，變得更酥，有千層的口感。有甜鹹口味的甩餅是雲南、泰緬一帶的街邊傳統小吃，來到台灣後，變得另一股混血滋味，融合緬甸甩粑粑、台式蔥油餅，再捲入雲南常見的主食豌豆泥或淋上甜甜的煉乳為內餡，酥脆的口感，一吃就很唰嘴，停不下來。

　　偉倫來說，從童年到求學，甩餅的滋味與工作填滿了他人生的大半記憶，這些與母親共同打拼的辛苦甘甜，有滋有味！然而，在忠貞眷村還有另一個大家公認的甜蜜滋味，就是非常厚工的紫米粑粑。

　　熟練的雙手，把紫糯米和白糯米以一

15. 楊月美將媽媽的手作□□從雲南一路帶到台灣。

比一混合，泡一個晚上，先瀝水，再入蒸籠，蒸五十分鐘，這個步驟，是實實在在的「蒸」功夫。這還只是前置作業而已。

蒸米是最重要的步驟，中間呈空心，讓蒸氣上升，可以蒸得更均勻，若蒸不透，外面已經變糊，但米心仍是硬的，若蒸過頭，則太爛失去口感。下一個步驟是碾磨至看不見米粒，大夥兒合力用手壓定型。不包含前晚泡米的時間，整個紫米粑粑的製作過程前後共要花費六個多小時！

傳香紫米粑粑第二代的楊月美，出生成長於雲南的傣族村，家族中最早來到台灣的是舅舅，那年是 1949 年，一直到1986 年，媽媽才帶著她與五個兄弟姊妹來台投靠曾是雲南反共救國軍的舅舅，在當時還沒拆的眷村賣起雲南家常菜，剛開始只賣雲南米干、米線和豌豆粉這三樣，逐漸打響招牌。

紫米粑粑除了原味外，還可鹹甜兩吃，沾鹽巴或是糖粉都有不同的風味，是雲南人的年糕，逢年過節家家戶戶必備的傳統食物，外酥內軟，加上外層薄薄地糖粉，真的很唰嘴，趁熱吃還會牽絲！而這道七里香蝦是指從很遠就能聞到香氣，老闆娘當年在逃難時，加了各種民族喜歡用

的香料，如羅勒、咖哩還有一些秘密配方，以前是魚，現在老闆娘改用蝦子。老闆娘說，這是當時從緬甸北部逃難到仰光，要準備等待辦手續來台灣，過程中母親從其他民族學到的料理。

加入各個民族善用的香料，是七里香蝦的靈魂，自己曬乾的蘿勒、咖哩粉、大蒜、蔥仔還有頭家娘的秘密配方，把蝦子沾上薄薄地太白粉下鍋煎，再加上香料做最後的調味，成為忠貞眷村的獨門手路菜，當年逃難的淚水與汗水，成為這盤美好的滋味。

熱呼呼的紫米粑粑對第二代楊月美來說，是一種鄉愁和牽絆，從緬甸仰光逃到台灣，靠著這項獨特味覺，延續記憶，重新找回自我存在的歸屬感。

融合了滇、緬、泰、越、印的移民足跡與美食，在這座思鄉天堂堆疊出豐富的文化，經時間的淬鍊與洗禮，他鄉變故鄉，這些脫離原鄉的家鄉味，幾經流轉，在新落腳的土地台灣生根，成為新一代人舌尖上的美好回憶。也是咱台灣多元又獨特的絕佳滋味！

Hsinchu

新竹

# 舊城內的美食祕境

不知道從何時開始，只要端午節一到，台灣必定上演一場南北粽的爭戰戲碼。然而，新竹有一種特殊的「肉粽」，不是一般所熟悉的粽葉包糯米，而是將肉香、蔥香與料香融為一的「餅」，聞起來芳味四溢、咬一口皮脆餡軟、嚼幾下甜度恰當、吞下去油而不膩，這是在新竹傳香百年的「竹塹餅」（Tik-tshàm piánn）。

距今三百多年前，來自泉州的漢人移民來到道卡斯族竹塹社之地屯墾，北台灣最早的商業活動中心——「竹塹城」（Tik-tshàm）因此成形。歷史的長路漫漫，經過政權轉移與歲月流轉，這座老城所留下的老聚落、護城河、美食市集，這座保有不同於大都會人文風情的城市，就是現在的新竹。

新竹在清代乾隆、嘉慶年間，已經是台灣北部的第一發展市鎮，早期為避免流民作亂及海賊騷擾，清廷建造東南西北四座城門，而當時主要的市街就接近北門一帶，最明顯的地標是城隍廟與內天后宮，還有物品進出口的貿易舊港。

有人群行踏、生意往來，「美食」的存在是必要的。以城隍廟為核心，向外延伸出傳統市場，市場內有米粉、貢丸湯、肉圓、鴨肉麵等飄香聚集，不只在地人喜歡這些口味，也吸引許多外地饕客前來享受這美食天地，這應該也是城隍廟之所以香火鼎盛的原因之一吧！

城隍廟豐富的文化底蘊，孕育出的竹塹餅，自然成為新竹古城的特色糕點，也是許多新竹人的共同記憶。原本在城隍廟前賣肉粽的吳張換女士，1898 年於新復珍的現址經營糕餅舖，她巧妙地將包肉粽的蔥香、料香、豬油香應用到糕餅上，意外成了廣受歡迎的美味肉餅，顧客「食好鬥相報」（Tsiàh hó tàu sio-pò），「竹塹城的肉餅」聲名遠播，「竹塹餅」之名就這樣流傳開來。

黑毛豬製成的豬板油和自己剝、切、炸的油蔥，是竹塹餅最重要的食材；不只味道香，內餡軟加上外皮酥脆，成就新復珍的百年好品牌。時至今日，「新復珍」走過百年、傳承四代純手工功夫與食材的堅持，是新竹美食拼圖不可或缺的一塊。

很難想像，擁有這種美味寶藏的新竹，竟然會被笑稱是美食沙漠，這對擁有美食王國美譽的台灣而言不太真實，倘若用心看待，就能體會出真正的在地美味。走訪一趟新竹的東門市場，老市場新景

1

2

3

1. 東門市場外表看起來雖老舊，但走進去卻是另一片光景。 2. 竹塹餅是新竹遠近馳名的伴手禮。 3. 年輕人到此鄉創業。

點，來到這裡不愁吃喝，是許多人口中的新竹必訪地。

　　從新竹火車站沿著中正路前進，經過「新竹之心」東門城廣場後，步行不到 10 分鐘，便到達坐落於東門城與市政府之間的新竹東門市場。雖說是傳統市場，卻不像印象中由推車、攤販聚集在道路兩旁的臨時市集，而是由鋼筋混凝土建成的公共集合市場。這裡是新竹人往返市中心必經的地方，卻有很多在地人也不曉得它的歷

史最早可以回溯到日治時期。

　　日本政府除了方便管理外，也考量到傳統市場混雜造成的衛生問題，遂在 1900 年建成了新竹東門市場。不過，市場啟用後的十年間，因狹窄的規模而不堪使用，官方於 1911 年再根據舊市場的南邊重新興一座佔地 600 坪、兩層樓高的新市場，儼然是當時全島規模最大的市場。第二代的新竹東門市場，被當時日本居民的生活圈及政府機關所在地環繞，很自然地成為

4. 主持人荒山亮面對眼前的美味，開始大快朵頤一番。

許多日本人常逛的地點，也因此帶動了周邊的商業發展。

二戰期間，由於遭受美軍轟炸，部分建築損毀，一直到戰後 1977 年才改建，是全台灣第一座以鋼筋混凝土建造成地上三層、地下一層的集合市場，也是當時整個新竹市裡，第一座有手扶梯的市場。

花一天的時間置身於東門市場，從早到晚，每一個時刻都有不同的情景，上午可以看見販售生鮮食材、蔬果、雜貨的店家營業，依舊維持著傳統市場的機能；中午則陸續有小吃店開張，晚上搖身一變，

5. 石博樺將大腸麵線改良，再結合炸物，創造出當地非常受歡迎的台式居酒屋。

6. 蚵仔麵線的蚵仔來自於在地養殖。

化作受年輕世代青睞的文藝之地。

　　藏身市場內的享初食堂，招牌鮮蚵麵線的蚵仔份量不手軟，新鮮、飽滿，又好吃。許多初來乍到的朋友，或許可能會因為外觀而誤以為是日本居酒屋，其實是正港台灣傳統味的大腸麵線，老闆還運用鹽酥雞與大蚵仔，變化出獨特新滋味。

　　夜晚下班後，與好友、同事在此聚集，吃碗麵現再小酌幾杯，除了是辛苦一天後的短暫享受，也為明日的打拚注入活力，如同這座市場一樣，老地方重新活出新生命。

　　東門市場至今已經 121 歲，不僅見證了新竹的發展，老風華、新時代，承載著新竹傳統產業與在地美食的生命史，也讓人看見台灣美味的精彩、豐沛。

9. 東門市場的採買人潮絡繹不絕

Miaoli
苗栗

# 探尋朝氣山城的客家味

客家族群移民來台灣的時間相當早,清康熙年間頒布渡台禁令,人口數逐漸不如閩南籍移民,在閩粵械鬥失利後,多被迫遷離平原,因此丘陵地多形成客家人為主的村莊,發展獨特的客家文化。與新竹一樣是台灣「客家大縣」的苗栗,其名來自道卡斯族巴利社(Bari)之音譯,意為「平原」,最初來到此地客家人與閩南人用音似「貓貍」的發音為此定名,分別是客語的「Mèu-lit」與台語的「Biâu-lik」,直到1886 年設縣才改為「苗栗」,並沿用至今。

清領時期是客家人開墾最盛的階段,至今苗栗縣的 18 個鄉鎮市當中,有 13 個鄉鎮市是以客家人為主,且每個鄉鎮市都有自己獨一無二的特產,讓我們得以透過美食、料理來認識客家文化與歷史。

苗栗縣公館鄉,有間充滿著許多苗栗人回憶的餐廳,老闆娘樂天知命,創業有成的故事,以及刻苦耐勞的生活哲學,是當地流傳的一樁美談,更重要的是,老闆娘的一手客家好料理,是饕客們口耳相傳的必訪之店。

客家菜色中一定要有雞肉,店內招牌的黃金桔醬放山雞,是到店必點的美味佳餚,最高紀錄一天可以熱賣將近 30 隻。在選材和烹調上都頗講究,養足時間才宰殺的放山雞,無論是水煮、鹽焗或是煮湯,結實的肉質令人印象深刻,將六斤重的土雞和老薑、大蔥一起調味,在湯汁裡浸泡悶煮,當雞的毛細孔張開,抹上鹽和酒來增加肉的香氣,待放涼後切塊,上桌前,再將蒸煮時留下的雞汁淋於雞肉上。

雞肉黃澄油亮的表皮下,有著軟嫩鮮甜的肉質,紮實彈牙,白切後再沾上自製的桔醬,多了一層酸甜香味,咬上一口,呈現出鮮甜與脂香,別具一番風味;土雞肉與桔醬,是很道地的客家吃法與搭配,酸桔為客家庄常見水果,因鮮果過酸不適合鮮食,善加利用食材的客家人,因此做成醬料入菜,出現在日常飯桌,桔醬最常見的食用方式是沾著肉吃,可帶出肉質的鮮美,去腥解膩。

老闆娘曾秀菊其實並非客家人,23 歲時嫁到客庄,是傳統大家庭裡的長媳,得一肩扛起家務,這對從沒進過廚房的曾秀菊是一大挑戰,她在先生祖母的身上學到各種傳統客家菜,從剁一隻雞開始學起,終究練出好手藝,傳統菜經過她的改良,將美味一一呈現在客人面前。

店內另外一道招牌菜梅干扣肉,就是依照老祖母傳下來的古法,光是三層肉的處理就有多重步驟,必須經過汆燙、油炸、滷、蒸四道程序,經四道程序而定型的五

1. 因為歷史上的移民與墾拓，苗栗成為台灣客家文化的重鎮之一。 2. 客家放山雞是客家菜常見的料理。 3. 梅干扣肉更是客家料理中，最為人所知的一道菜。

花肉，再用紅麴、冰糖滷兩個小時；炒梅干菜也是不可欠缺的重點之一，炒完鋪在扣肉上，放入鍋蒸，讓梅干菜香氣，鎖入扣肉內。老闆娘說，道地客家菜味道要夠重，但不能死鹹，她觀察到現代人的口味慢慢改變，於是把傳統客家菜改為少油少鹽的料理，但原則是不能失去傳統風味。

曾秀菊努力延續祖傳的味道，以及讓傳統客家料理得以適應於新時代的用心，十足的客家打拚精神，成就了這一道道經典的美食。

苗栗除了道地的客家料理，也有一項在地的美味點心叫「肚臍餅」，相信很多人是第一次聽到，關於它的由來眾說紛紜，有此一說，認為是由綠豆椪演化而來，日治時期在台灣的日本技師，為撫慰思鄉之情，進而仿造和菓子做法製成；另一說，早期農業社會裡，婦人忙於農事而無法照顧年幼嬰孩，因此將地瓜削成乳頭形狀讓嬰孩吸吮，還果真見效，一位糕餅師傅得

知後，便以此製成餅，意外大受好評而流傳至今。

　　將綠豆泥、地瓜泥、糖、無鹽奶油、豬油拌勻備用，將水油皮的中粉以及奶粉過篩，再加入糖和奶油搓至無顆粒，將水油皮把豆沙包裹起來，左手用虎口摳住麵皮，右手固定豆沙，並且露出四分之一在外面，頭頂再稍微壓平，整好型即可進烤箱。因為烘烤時餅餡會從餅皮密合口處流出，才讓此特殊造型被取名肚臍餅，不僅保留客家傳統的特色，同時也保留了綠豆與地瓜最純粹的原味，現在已是苗栗特色伴手禮之一。

　　平凡無奇的庶民點心背後蘊含著不平凡的民間故事與先民智慧，不單只是客家料理，傳統糕餅也是追憶地方身世的一種依據，隨著時代與飲食習性的變遷，傳統美食始終在日新月異的社會中尋找平衡點，而苗栗這座豐饒山城，擁抱著豐富人文史蹟，且圍繞著純樸小鎮，除此之外，難忘的美味，總是讓人吮指回味、雋永執迷！

Taichung
台中

# 接地氣的台味風景

台中車站承載著許多老台中的青春歲月和時代記憶,相遇、離別的情境都在這裡上演。落成於日治時期的巴洛克式建築,說是台中最得意的門面也不為過。自台中車站問世後,方圓一公里內就有七、八座市場,每個市場都各具特色,雖然因為社會變遷讓許多市場逐一沒落,但在這塊台中的舊城區,仍舊有老市場繼續維持著老傳統與新滋味,為台中紀錄每一天的生活。

1917 年開設的台中第二市場,原址位於新富町三丁目(今中區中正路、台灣大道、中山路及興中街所圍成街廓),故當時稱作新富町市場。最初針對附近一帶的日本人消費,主要販售精美高價的舶來品,除此之外,也陸續齊聚了不少小吃攤販,也造就了許多今日台中的人氣美食:爛肉飯、麻芛、香菇肉羹、紅茶、肉丸、意麵等,隨便挑作一間都是十年以上的在地老滋味,不只在地人難以忘懷,連外地人都慕名而來。

這間飄香百年的意麵老店,無論是意麵、肉燥、餛飩、福州丸,甚至辣椒醬,所有食材都是依靠純手工製作,就以這勺肉燥來說吧,它是貫穿這碗意麵的靈魂,媳婦每天一早到店裡,準備好調味料跟新鮮後腿肉,大火快炒再小火慢燉,將肉燥與調味料混和、炒香,才可以造就這經典的味道。

堅持手工是店家秉持的原則,意麵用蛋黃與高筋麵粉自己製成,偶爾在店裡

頭還會看到第四代老頭家忙著包餛飩的身影,加上老闆娘獨門功夫所調成的辣椒醬,因為大受客人歡迎,也決定不藏私,開始做成瓶裝提供分享。老闆認為,吃的東西講求健康,所以堅持品質,絕不打折扣。

這間「三代福州意麵老店」,雖然標榜三代,迄今卻已傳承到第五代,百多年來憑著樸實、實在的豐盛料理,不僅征服台中人的胃,也紀錄著第二市場的物換星移,繼續延續好味道。

第二市場外側位在台灣大道上,還有另一間傳承了四代的百年肉丸老店,由孫顏長老先生一手創立的茂川肉丸,代代都擄獲了客人的味蕾。

肉丸(或稱「肉圓」,Bah-uân)是台灣非常普遍的小吃之一,作法以彰化做為區隔,以北多採油泡,以南多為炊蒸,隨著各地區的作法不同而產生多種吃法。當年孫老先生特地到彰化拜師學藝,學成

1

2
3

1. 「三代福州意麵老店」的頭家，正在準備傳統美味，令人期待。 2. 第四代老師傅專注在包餛飩。 3. 走過百年的意麵老店，是老一輩與新世代台中人都認可的好味道。

後回到台中創業，起初是挑著扁擔沿街叫賣，後來才在第二市場開設店面。

以米作為原料的肉丸皮，從選米開始就是老經驗，尤其是「舊米」較不黏滑、質地變硬、甜度下降，所以適合製成米製食品。老闆每天清晨四點就起床煮在來米，一般稱「洘頭糜」（Khó-thâu-muâi），第一次滾完必須悶著，靜置三小時再攪拌，攪拌到鍋子邊有米紙，再滾一次後繼續悶，約一個小時才能加太白粉、地瓜粉去和。餡料則選用豬的後腿肉，後腿肉特別結實，瘦肉帶一點肥油，配菜又分季節有不同的用料，夏天用筍子，冬天用豆薯包，不同季節都可以嚐到不同風味。

第二市場附近，有一間「相對年輕」的饅頭店，是許多台中人的兒時記憶，至今仍念念不忘的在地美味。創立於1949年的「天天饅頭」，源於第一代的簡兩傳

4. 孫老先生的肉丸，冬季與夏季都吃得到不同口味。

5. 天天饅頭人氣旺，天天都有人排隊購買！

老先生，花六年的時間跟日本傅學習作糕點，到現在由第二代的簡正義及第三代共同經營，雖然是日式炸紅豆饅頭，但卻十分合台中人的口味。

這間饅頭與一般我們所熟悉的饅頭不太一樣，手工現桿的麵團，將麵皮裏著紅豆餡，接著放入油鍋炸至金黃，咬下甜甜的麵衣與熱騰騰的紅豆餡，香甜的氣味越嚼越香，鬆棉又酥脆的口感讓人一口接一

口。因為好吃到天天都有大批人潮排隊，難怪取名「天天」！

百年市場，市場百味，這裡帶給許多台中人一天活力的泉源，無論是市場小攤或是街邊店面，都展現出台中人特殊的生活方式與人文地景，多走幾趟第二市場，每一次絕對都會有新發現！

Shalu

沙鹿

# 海線的古早心

台中沙鹿（Soa-lak），原為拍瀑拉族百戶聚居，舊稱「沙轆社」（Salack），明鄭時期屬於大肚王國；清領時期的乾隆初年，將廳治設沙轆並改稱「沙轆新庄」。隨著陸續有閩南、客家移民入墾，到了嘉慶年間已發展為南北交通的必經之地。日治時期街庄改制將「沙轆」更名為「沙鹿」才沿用至今。現已是台中市海線地區的人口第一大城市。

沙鹿的隱藏美食多到數不清，聽聞這邊有間非常有名的小籠湯包專賣店，不僅會皮薄餡多，而且一口咬下還會爆汁。那真是該開開眼界了！王老爹是這間湯包的老頭家，過去經營早餐店一面賣西式漢堡一邊賣湯包餃子，一賣就是二十多年的時間。王老闆說，湯包永遠都是早餐店的主角，而主角的靈魂特色就是在於湯包的爆漿。

王老闆表示，這鍋大骨高湯煮了一個上午之後，經過放涼再放進去冷凍庫冰，等到結凍要包湯包時再切塊放入餡料當中一起包。這裡的小籠包，以體小、餡大、汁多、味鮮、皮薄而著稱，外著皺摺薄衣腴潤飽滿看起來外觀相當可口。

早餐店在幾年前才轉型成為湯包店，在兒女的接手經營下，傳承老頭家的湯包和餡餅。女兒因為不捨老爸的手藝，好吃的湯包餡餅即將消逝，所以決心放棄出國的工作機會，返鄉承接家業。

來自眷村醺腴的王老闆有著中國北方人的熱情，每一粒小籠包都堅持用手作溫度來擀出老麵皮，包入對家人、對客人貼心情感的新鮮溫體肉餡，捏出兩代的美味皺摺，濃醇飽滿的湯汁鎖住了饕客味蕾，也包裹住饕客的心！

沙鹿是紅土的故鄉，在大約一百年前，大肚山還是一片荒蕪的紅土地，山頂上毫無水源灌溉，不管是人或作物，都得靠天吃飯，在這樣艱困的環境，這裡的居民仍堅毅地生活著，並找到了與地共存的方式。紅土雖然不及黑土肥沃，不過紅土裡面的礦物質，正好適合地瓜生長，所以沙鹿也被稱為地瓜的故鄉。

大肚山因為地形較高，所以沒有辦法引自來水灌溉，也因為山上的氣候乾燥欠雨，造成土質乾鬆，蔬菜與水果在這裡無法生存。不過生命總是會尋找出路，在地人利用這種特殊的地形與氣候，培養出非常有名的大肚山地瓜。

1. 主持人荒山亮俏皮地成為沙鹿一日代言人。 2. 眷村傳承的好手藝,呈現經典好滋味的小籠包。
3. 紅土栽培出來的地瓜。

　　這裡的降雨期多落在在二、三、四月,因此,栽種地瓜也幾乎是集中於這段期間之後,待雨期一過,來到大肚山頂,就可以在這片紅土田裡面,看到一群人彎腰播種,經過約半年,差不多是八、九月,同一群人又開始忙著收成撿地瓜。

　　不過,今年因為雨量短缺的關係,所以收成量大大地減少,甚至還出現許多大小不一的地瓜,或是有裂果的狀況,果然,

看天吃飯是相當辛苦的。雖然如此,不過在地人在這裡所種出的紅土地瓜,口味特殊,不只是當地的經濟作物,也是製作美食的重要角色。

　　在中港路賣地瓜的頭家娘,賣地瓜加上種地瓜已經有超過六十年的經驗,對地瓜十分熟悉。客人都稱她地瓜姨,除了賣地瓜外,還有烤地瓜與製作蜜地瓜,直產直銷!這裡一年四季都供應著熱騰騰的

4. 香味、甜氣十足的蜜地瓜是當地最有魅力的零嘴。

烤地瓜，地瓜姨每天都要用掉一百多斤，從那熱熱的鐵桶烤出熱騰騰、香噴噴的地瓜，那是很多人記憶中的氣味。外皮烤後泌出的蜜汁，輕輕剝開冒出濃郁的地瓜香，咬下去鬆軟燙口，又甜又可口！

光是這個路口，就有四、五攤在賣蜜地瓜，每一攤都有自己的獨門祕方與特色，地瓜姨用麥芽糖熬煉的蜜地瓜，吸引許多嘴饞的客人特別聞香下車購買，蜜地瓜吸入麥芽糖後，入口即化且甜而不膩，相當好吃！也難怪地瓜姨的攤子能夠在這裡屹立不搖！

過去食物資源匱乏的年代，好栽種、好生長的地瓜可以幫助許多人度過非常時期，雖然現在的時代進步，生活也較富裕，但是懷念的地瓜滋味，無論是烤地瓜、地瓜粥、蜜地瓜等各種地瓜餐點，永遠都不會消失，也如同台灣人一路走來的打拚精神，「地瓜毋驚落土爛，只求枝葉代代湠」（Han-tsî m̄-kiann lȯh-thóo nuā, tsí-kiû ki-hiȯh tāi-tāi-thuànn）。

Changhua

彰化

# 家鄉扎根的滋味

台灣的小吃起源於街邊、市場，市場與我們生活有著相互依靠的關係，裡面有地方的身世，也有人與人溝通的特性和居民共同記憶。彰化市區有很多傳統市場，其中，1909 年所設立的南門市場，已經有 110 年的歷史，從日本統治走到中華民國時代，原本繁華的市場在 1981 年遭遇火災，損失慘重，從此由興走衰，後來市場原地重建，但市場採買盛況已不能同日而語。

無情的大火奪去了曾經熱鬧的南門市場，不過，現在的南門市場，卻有另一種光景。天色漸暗，安靜的市場內，有間看起來與市場格格不入的日本料理店的燈光亮起，讓寧靜的南門市場開始熱絡起來。

日本料理如同藝術一般，考驗的是廚師擺盤的眼光，看起來雖然簡單，卻還有另外一種細緻的工夫。小林老闆投入日本料理的工作已經 12 年，從學徒開始做起，小時後家裡就是做吃的，受阿公的耳濡目染對料理產生興趣，小林老闆說，老一輩經歷過日本時代的人，很注重真材實料和品質，自己當學徒多少也受其影響，對品質要求非常高標準，無論是蔬果、海鮮、稻米，始終嚴格揀選。小林老闆自認還不到日本職人的境界，但很有信心對料理品質篩選以及味道的堅持。

曾經在大都市走闖過的小林老闆，和許多人一樣，遭遇人生上的挫折，在不知該何去何從之際，最終還是選擇回到熟悉的故鄉。將過去在外所學的日本料理功夫，帶回從小長大的地方，除了貢獻自己的手藝，也期許可以找回南門市場過往的繁華光景，替在地人重拾回憶。

走出南門市場，來到彰化典型的農業鄉鎮——二林。二林第一公有市場是這個地區的核心，年代久遠，也蘊藏著大量的民間好味道。位處彰化西南角的二林，純樸的小鎮很難與熱鬧的城市相比擬，但卻是台灣古老的城鎮之一，在清領時期已是文風鼎盛的地方，到了日本統治時代，整個商圈以第一公有市場中庭的古井為中心，向外延伸出許多的店鋪，形成了一個人來人往的消費區，隨著社會結構的改變，導致人口嚴重外流，市場榮景已不再像從前一般。

市場除了是攤販聚集的地方，同時也是孩子們的遊樂場，二林第一市場的內部是八卦型的，有很多出入口和通道，自然成了孩子們玩耍的絕佳天地，「抾戲尾」（Khioh hì bué）是許多人童年最大的休閒娛樂。

1. 有市場就有人潮，相對也會產生許多庶民美食。 2. 多彩繽紛的壽司，不只味覺，視覺上也是藝術的展現。
3. 小林老闆希望可以達到像日本職人的境界，並持續努力中。

　　玩累了，自然就會肚子餓，「炸粿」這項閩南小吃，就是在地人非常喜歡的小點之一。

　　包著海蠣、肉和韭菜的炸粿，外層裹著地瓜粉米飯的六角星型食物，做好之後放入油中炸到金黃色，吃起來外酥內軟，是在地人非常喜歡的小點心。炸粿的由來在台灣有一個說法，傳說當年鄭成功從台南安平的鹿耳門登陸，打敗荷蘭後，由於當時軍糧不足，所以將海邊撈獲的蚵仔裹以地瓜粉油炸，供軍隊充飢，日後便流傳至民間，延續至今。

　　除了粉漿的調製很重要，還有油溫和掌握油炸的時間，將這些工序顧好，才能做到外酥內軟的口感。除了炸粿必點之外，這裡的炸米糕，味道也和別的地方不一樣，這裡的炸米糕外皮酥脆，裡面軟綿，口感層次豐富，這裡的米糕是屬於甜糯米

糕,是當地人習慣的吃法。

　　想了解在地飲食文化,就得由市場開始,早期日本時代,老闆的曾曾祖父去鹿港學手藝,後來回到媽祖廟附近開業,不

過遇到大火燒掉了很多東西,做生意的型態需要一直改變。老闆的兒子甘之如飴地接棒,適應這片土地與家族的連結,繼續傳承下去。

5

6

5. 彰化炸粿攤有肥美新鮮的蚵仔，搭配肉與韭菜，非常好吃。 6. 彰化可以說是台灣重要的作物糧食來源，豐富的作物食材，是在地小吃的特色。

　　儘管生活型態改變，傳承家族記憶的店家日漸消逝，但依舊仍有老店延續著地方的記憶，都是時代的見證者。這趟深入在地飲食，每一道佳餚都以簡單而真實的方式，散發出對於新鮮原味的堅持與自信，讓人體會台灣飲食文化所累積的厚度。

Puli

埔里

# 念念不忘的好滋味

埔里（Poo-lí）名稱的由來，與「埔里社」有關，是漢人來到原住民聚落而對當地的稱呼。埔里社第一次出現在歷史文獻上，是在清代乾隆年間（1741）《重修福建台灣府志》的記錄。道光年間，進士鄧傳安在其著作《蠡測彙鈔》的〈水沙連紀程〉中曾記載：「登而遠眺，四望如一，乃知二十里平曠，中惟埔里一社，餘社俱依山。」正是敘述埔里在當時中部山區的水沙連六社中，擁有四面環山的天然好地理。

講到埔里，大部分人的印象就是山明水秀，位處台灣地理的中心，又因為氣候宜人，水質好，所以產出像是茭白筍、白甘蔗、白酒、泉水等名聲透台灣的物產。不過，除此之外，埔里也有許多鮮為人知的在地美食。

走過一甲子的歲月，從早期的挑擔販售，到現在成為埔里人人皆知的「陳玉珍肉脯」，是不少人從小吃到大的回憶。肉脯創辦人陳玉珍在青少年時期即出外分擔家計，13歲時離開埔里到台中學做糕餅、肉鬆，幾年後學成歸來，並用所學的手藝開始做肉鬆、肉乾、香腸、糕餅等商品，然後挑擔沿街叫賣，到了1949年正式成立了「陳玉珍肉舖」店面。

過去的刻苦年代，吃肉往往只有在過年過節殺豬才有這種享受，因此，每當要送禮的時，「肉」自然是大家會直接想到的貴重品，但是新鮮的肉不好保存，也不好攜帶，肉鬆肉乾這類加工品就變成很受歡迎的選擇。

雖然現在有機器幫忙，但是老頭家說天氣溫度和每天的肉都不一樣，所以要炒多久、炒到什麼程度都不同，他認為還是要自己顧比較放心。「龜毛」是老頭家的堅持，從新鮮豬肉送來後，就要細心將筋挑掉，接下來就是獨家的處理方法。

老頭家說，店名用爸爸的名字，所以每一項產品都要很認真，不可以隨便。一間傳承三代的肉脯店，傳承下來的，不只是真材實料的嚴選，還有一家人同心打拚，互相疼惜的感情。

在市場裡，只要仔細看，就會有讓人驚喜的發現。這間有傳統、有現代的斜槓餅店，也是在地的老店代表之一。頭家娘說埔里有很多廟，所以很多拜拜的習俗都還是照著傳統走，不過這款拜拜用的壽塔，從最古早的樣式，到今日跟著時代變化，設計出愈來愈多變多樣選擇。

在供品裡，這項鳳片糕是很多時下年輕人不曾聽過的，鳳片糕是以熟的糯米製

1. 豬肉成為伴手禮前，有著許多不為人知的繁雜工序。 2. 鮮紅的肉脯讓人看了就忍不住想抓一把起來品嘗！
3. 早期香腸是奢侈品，如今成為在地美食的最佳代言人。

作，再以綠豆或紅豆餡作內餡，外面印著代表長壽的龜和仙桃等吉祥圖案，是拜拜時很重要供品，不過卻因為社會變遷而快速消失中。

　　老闆刻意減少糖的比例，盡可能讓鳳片糕變得不那麼甜，雖然保存的期限變短了，但希望透過這樣的方式，可以把鳳片糕這種傳統的記憶留在生活中久一點。因為捨不得古早味就這樣隨時間消逝，所以

動腦去調整，希望在新的時代可以繼續陪不同世代走下去，所以，不同造型的包子和產品開發，是這間老店突破自己的新嘗試。換一種態度，就走出新的路。

　　筊白筍一直都是埔里極具特色的農產品，因為種植於水中，埔里人因其特性又稱之為「水筍」，埔里溫和的氣候與乾淨的水質，讓在這裡生長的筊白筍更為鮮嫩肥美，也因此成為埔里重要的經濟作

4. 山明水秀栽培出的茭白筍，是埔里的特產之一。

物。而目前埔里所種植茭白筍的面積超過一千二百公頃以上，是全國最重要的茭白筍產區。

埔里十二年一次的祈安護國清醮活動，當地遵循傳統習俗，凌晨起全鎮茹素七天，因為蔥也是茹素應避免的「五辛」之一，所以，劉老闆想出用在地的香菇代替蔥，夾上在地的茭白筍。這兩者都是埔里的特產，劉老闆說，剛好自己的同學在

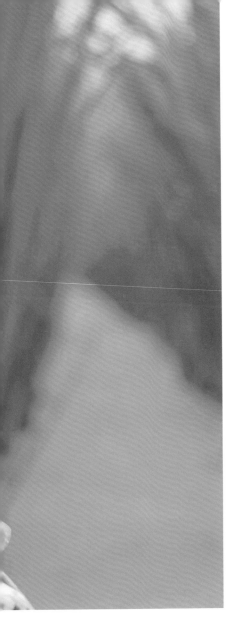

5

6

5. 鹹油條的美妙滋味，嘗過便會懷念！ 6. 劉老闆對自己的筊白筍非常有信心！

用生態養殖的方式種筊白筍，所以，品質絕對是一級棒的！

走一趟好山好水的埔里，不僅可以吃到在地埔里人對傳統的愛惜，以及勇敢創新的勇氣，更可以感受到埔里人認真打拚，利用地理優勢，創造出屬於自己的珍寶，還有那令人難以忘懷的迷人滋味。

# 老味道的新風貌

斗六（Táu-la̍k），為洪雅族斗六社（Tawrag）之所在地，後來與移居於此的泉州閩南人用音譯成漢字「斗六門」（Táu-la̍k-mn̂g），成為今日斗六之名。斗六是雲林最大的城市，也雲林最早開發的地區之一，這裡蘊含著豐富的人文歷史與在地特色，而斗六西市場，就座落在這最繁華的地段，可見其的重要性。

然而佔地三千多坪的西市場，因其悠久歷史與特殊人文記憶，再加上鄰近斗六火車站，讓這不起眼的傳統早市，增添了不少人氣，尤其這裡還匯集了不少當令的新鮮食材、及各種特色小吃。

一早忙碌的叫賣聲、夾雜著濃厚的人情味，跟著人群鑽進小巷裡，不難發現在地人愛不釋口的舌尖美味。清晨五點，市場轉角的大鍋正冒著熱騰騰的蒸氣，熟悉的味道，在市場已飄香了八十年，這一鍋湯頭，可是來西市場買菜的主婦、老人家、上班族、還有勞工朋友們最愛的味道，他們每天都從這鍋熬煮的羊大骨湯中，獲得滿滿的元氣，展開一天的活力。

站在攤子前忙著處理羊肉的是第三代的老闆張德清，他將全羊處理得淋漓盡致，從羊腦到羊腳，充分應用每一部位，一點都不浪費。張老闆說，他這一身好手藝，其實是傳承自他的岳父。

早在張老闆岳父經營的時期，這間全羊料理就是斗六的名店了，從肉源、烹調手法到店面經營與客源，都十分穩定。後來第一代老老闆年紀大了，做為女婿的張老闆便順勢接手，店裡人氣不減反增，客人也讚不絕口，張老闆把這一切都歸功於岳父的功勞。為了完整的傳承岳父用心打造的好口味，張老闆盯緊製作的每個小細節，從店面的整潔、羊肉處理、汆燙秒數、湯頭熬煮、薑絲等配料比例，絲毫不能馬虎，堅持與敬業的精神，贏得了顧客的支持，也延續了老店的興盛。

魷魚嘴（鯀魚喙，Jiû-hî tshuì），就是一般俗稱的「龍珠」，特別是這家「魷魚嘴羹」，運用北海道的深海魷魚，不僅魷魚嘴的口徑很大，一口吃下口感也特別有嚼勁。

聽說有些人第一次吃魷魚嘴的人會不太熟悉，也會把黑色偏硬的部分都一併吃下肚，那是魷魚的牙齒，其實是不建議吃的。還有就是吃之前建議先沾一點醬油芥末，味道會更好。而魷魚嘴好吃的祕訣之

1. 多數人沒有嘗過魷魚嘴，其實有它專業的吃法。 2. 真正的羊肉料理高手，絕不會浪費羊身上的任何一個部位。
3. 羊肉攤是羊肉伯與父親唯一的連結。

一，就在發泡處理細膩度，乾的魷魚嘴先用鹼水下去發泡後，每半小時就要換一次乾淨的清水，這樣流程要花上 6 個小時，才能完整處理好可食用。為了品質新鮮，堅持每天發泡魷魚嘴，才不會有泡過頭肉變爛的情況；另外，點一碗「魷魚焿」，厚切的魷魚豪邁的放在羹湯裡，搭配一碗滷肉飯更能得到無上的滿足。

離開市場，我們來到土庫村，這裡有位在地農夫張芷宜執行有機耕作，剛開始還被左鄰右舍取笑，在台灣，友善耕作已經很不容易了，要做到有機認證，更是需要加倍的心力去照顧。

親身體驗過拔草，才知道有多辛苦，雜草非常有韌性和生命力，昨天才除完今天又一堆，不過看到這片花生田的雜草竟有一種開心的感覺，因為沒有灑農藥的友善耕作，所以才看到這麼茂盛的雜草和田

4. 花生是廣為人知的食品，卻很少人親自體驗過花生田的農事生活。

間生態，開始期待吃到用這裡的花生製做出來的花生糖了。

花生是食用廣泛營養豐富的堅果，種植時要保證土壤的疏鬆和透氣，也要兼具排水性，日常管理除去周邊雜草防蟲害也很重要，而有機種植的這片土壤，不能進行噴灑農業，需要更大量的拔除雜草，才能符合有機花生。而這份努力堅持下，有機花生可以做成各式各樣的花生甜點，花生糖，花生仁等。

慢慢熬煮麥芽糖至加熱，等待至煮滾發泡，再倒入已經炒熟的花生拌炒，需要細心均勻的把麥芽糖裹在花生上，將拌好的花生糖放上加壓攤平，而花生糖製作需要搶時間，裹上麥芽糖的花生糖，很快就凝結成塊了，這時要趕快分割切塊，花生糖就完成了！

現做的口感超讚，應該沒有人能拒絕花生糖的美味，吃過一定會懷念，新鮮、美味、香醇、香脆不黏牙，樸實無華卻令人不斷回味。

一樣和在地農夫都是從三小市集受到

5

6

5. 金色橙黃的花生糖，是台灣經典零食之一。
6. 火雞肉飯的雞肉來源，全靠老闆精挑細選。

客人喜愛的還有這一甕甕香氣濃郁的黑豆醬油。位於雲林西螺的「御鼎興」，這裡是以手工柴燒醬油而聞名的黑豆醬油故鄉。在科技與機械發達，傳統古法釀製醬油反倒是罕見的新鮮事，御鼎興六十年如一日，始終堅持親力親為的人工釀製，至今已由第三代接手。

　　精選黑豆、蒸煮、冷卻、洗麴、悶麴、發酵、入甕、鹽漬等多達16道的繁複工序，手工柴燒，慢工文火熬煮出古早好味道，食材選用更不能隨便，採用國產非基改履歷黑豆、高品質海鹽、以

及日本菌麴等，遵循古法釀造出琥珀色的頂級醬油。御鼎興出產的，有使用整顆生米粒和醬油下去熬煮而成的「米粒原燉醬油」，適合作為滷汁調味；也有使用新鮮水果與黑豆製作的「土旺來黑豆醬油清」，適合壽喜燒料理或鳳梨苦瓜雞湯頭。

　　醬油從無到有，每樣細節環環相連，一點都不打折扣，特別是標榜手工柴燒工法，對於火候的控制尤其講究，讓這款醬油的生成，不僅是專屬於雲林的香氣，更是代表著台灣醬油的品質。

7. 精選黑豆經過多道程序，成為品質味道的御鼎興黑豆，也等於是另類小黑金。

　　從羊肉老店的人情好滋味，到魷魚嘴的好吃口感，再到芳醇酥香的有機花生糖，以及飄香一甲子的濃醇醬油，來到這個「農業首都」，不能只知道它是雲州大儒俠史艷文的故鄉，也是雲林人勤儉打拚、創造美食的好所在，儘管美食的味蕾短暫停留，但是堅守土地的美味與心中熱情卻永遠長存。

8. 御鼎興醬油是雲林西螺的老字號，也是使當地驕傲的食品招牌。

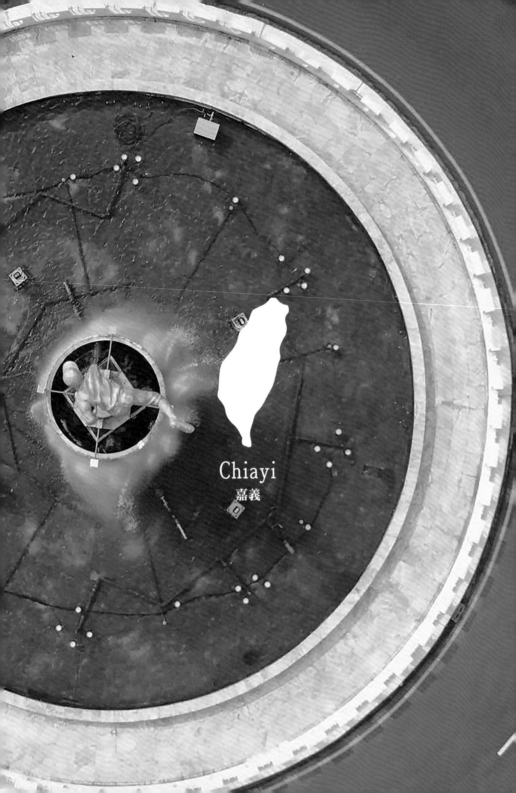

Chiayi
嘉義

# 嘉義的大灶跤

嘉義古名「諸羅山」（Tsu-lô-san），諸羅山之名源於洪雅族語「諸羅山社」（Tirosen）的音譯，十七世紀便是中國沿海移民的據點之一；到了清領時期，清廷將此地劃入行政區域為「諸羅縣」，承繼了原天興州的善化里、新化里、永定里、開化里；到了 1786 年爆發「林爽文民變」，因城內百姓協助退敵立功，乾隆皇帝以「嘉其死守城池之忠義」之旨，下詔將「諸羅縣」改為「嘉義縣」，沿用至今。

你知道台灣史上，第一座建城的城市是嘉義嗎？事實上，可能連大部分的嘉義人自己也不見得知道。

在城池興建之初，城裡主要有縣署及巡檢司署，城內逐漸形成十字街、太平街與鎮安街等雛形；之後城內陸續增加了如：媽祖宮、觀音亭、關帝廟、魚仔市、米市街等商賈聚落。宗教機能區、商業區、文教區也成型，一直到了日治時期才又重新洗牌。

日本統治台灣後，為改善台灣的環境與疾病控制，衛生建立是首要條件，特別針對人來人往、魚菜肉混雜的傳統市場著手，於是開始建設新式市場。1900 年，日本官方以原諸羅縣衙署興築「嘉義東市場」，沒想到卻被 1906 年的梅山地震給震垮，之後又原址重建，於 1914 年正式啟用營業，至今已有超過百年的歷史。

雖然百年來歷經地震、火災，以及戰火摧殘，但東市場仍是老一輩嘉義人心目中所習慣的大賣場，喊價、殺價、挑選、問候的記憶依舊沒有散去，說是嘉義人的活動中心，一點也不為過。舉凡蔬果魚肉到各種生活必需品，甚至是祭祀用的糕點、用具，東市場應有盡有。不過，東市場最迷人的，還是那歷久彌新的經典美食，米糕、牛雜湯、魚丸、楊桃汁、排骨酥等，都是必嚐的在地美食。

年過七旬的「羊肉伯」蔡國男，是東市場內的不同時期的歷史見證者，早期攤位的主要收入來源是靠賣生鮮羊肉，分切後秤斤論兩，除了嘉義市區外，還有來自竹崎、梅山、大林的人遠道而來，當肉類售罄，為了不浪費剩下的羊雜，遂決定煮成「羊雜湯」來賣。

無論是羊肉或是羊雜，裡面大有學問在，選羊、殺羊、分切、烹調，堪稱「羊博士」的羊肉伯，說得一口羊肉經。羊大骨熬煮的湯頭，加入當歸、川芎、玉桂調味，搭配新鮮幼嫩的腿肉，看著羊肉伯老練地倒一圈米酒、滴幾滴麻油、滲入薑絲，

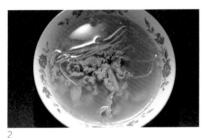

1. 嘉義東市是嘉義市區許多人的生活記憶，見證嘉義百年來的發展歷史。 2. 一生只做好羊肉的羊肉伯，帶給客人溫暖，就是他的最大成就。 3. 羊肉攤是羊肉伯與父親唯一的連結。

爽口又沒有羊騷味的羊肉湯便完成。

自承接了父親手中這塊佇立七十餘年的老招牌後，沒有從事過其他工作。他說：「除了跟羊肉有關的事，其餘的我什麼都不會。」雖然父親離世後，曾考慮轉換跑道，但想到羊肉攤是唯一和父親的連結，便捨不得放下。或許是蘊藏一份別處所沒有的獨特情感，才讓這裡的羊肉湯特別不一樣，也更值得來到此地細細品味。

不過，既然來到嘉義，就不得不提火雞肉飯。根據老一輩人的說法，台灣本來沒有火雞，只有一般的「雞肉飯」，到了中華民國在台灣的美援時期，美軍駐點於嘉義時引入大量的火雞，由於當時的時空背景，物資缺乏，肉類對一般百姓而言是奢侈品，火雞的價格也相對低於土雞，因此地方上的小吃攤就以此做為食材，創造出將雞胸肉切成雞絲或雞肉片，覆蓋於飯上、淋上醬汁，自此成了「火雞肉飯」

之起源，也就順理成章的擠入嘉義名產之
一。

　　嘉義有名的火雞肉飯到處都是，饕客
各有喜好，不過即將邁入五十年的老字號
劉里長火雞肉飯，是在地人獨愛的口味。

劉里長的身份確實是里長，平時不僅服務
鄉里，也致力推廣嘉義火雞肉飯。

　　老闆選用現宰的溫體火雞肉，搭配熱
騰騰的白米飯，再淋上由醬油、雞骨、大
骨所熬煮的芳醇醬汁，還有自家豬油炸出

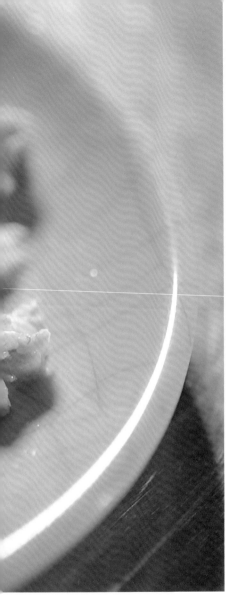

5

6

5. 火雞肉飯是人人皆知的嘉義特產，絕對是來到嘉義必吃的在地美味。 6. 火雞肉飯的雞肉來源，全靠老闆精挑細選。

的油蔥酥，味道香而不膩，真是絕配！一碗絕對是不夠的，細細咀嚼，就能理解如此多層次的美味能夠風靡將近五十年。

踏過百年歲月、懷舊人文的東市場，再到熱心親切的劉里長，小小的嘉義市，是書頁篇幅無法逐一書寫的，在地故事始終持續發生，用心體驗，定能感受「回嘉」的滋味。

# 繁榮下的美味遺跡

向來有「文化古都」美譽的台南，涵蓋了歷史古蹟、風俗節慶、人文地景、自然生態、農特產業等，當然，最重要的，還是美食小吃。若是提及台南美食，每個人心中一定都有個必吃的口袋名單，可能是筒仔米糕，也有可能是炒米粉，或者是碗粿。這些古早味的庶民小吃為何多屬米食類？與過去傳統的農業社會有十分緊密的關係。

新化（Sin-huà-khu），舊名為「大目降」（Tuā-ba̍k-kàng），是西拉雅族語「Tavocan」的音譯，意思「山林之地」。日治時期的台南州新化郡成立，才以「新化」為名並沿用迄今。自古以來這裡就是農產交易集散地，也是附近鄉鎮商業買賣活動的中心，最繁榮的時期甚至有三間戲院，早市、黃昏市場與夜市等，熱鬧萬分，也因為人來人往，新化的美食更是包羅萬象。

早期的勞動者，天未亮就要準備一整天的工作，體力的維持是很重要的，尤其在以前食物資源普遍欠缺的情況下，「營養均衡」自然不是第一考量，「吃得飽」才是最要緊的，特別在田園鄉村裡，有飽足感的米類食物便是古早人容易取得，且可以及時補充體力的最佳能量來源。在新化在地人心中排名前五名的「肉粿」（Bah-kué），一定是不容錯過的。

在新化太子宮附近的這間「阿鳳肉粿」，中午才開始營業，雖然沒有華麗的裝潢，但是單憑美味，就足以成為在地小有名氣的古早味傳統小店家。老闆娘早上四點就起床準備食材，調漿、煮漿、包餡，每樣步驟都是靠著俐落的手工，包著肉末餡的肉粿，經由老闆娘兩面煎得酥脆，加上些許蒜泥和辣醬點綴，覆蓋金黃的煎蛋，拌上鹹香濃稠的醬料，不僅吃得飽也吃得巧！這是三十多年來，附近市場勞動者所熟悉的滋味。

新化另一項最廣為人知的，當屬新化老街了，曾獲選為南瀛十大歷史建築第一名、中華民國歷史建築百景徵選活動第二名，這裡有大批保留的老洋樓，仿巴洛克式立面建築，講究的花紋與雕飾；也有街役場、武德殿、公會堂、奉安殿、蘇家及鐘家古厝、和平街日本宿舍群等風格多元之特色建築，具有歷史深度，以及楊逵文學紀念館、歐威電影紀念館等文化教育設施，是人文薈萃的好地方。

見證新化的歷史痕跡，至今已經營將近八十年的泰香餅舖，是這條老街裡極具

1. 新化老街曾獲選為南瀛十大歷史建築第一名，西側街屋為巴洛克式風格。 2. 肉粿皮透、肉餡飽滿，是當地叫好又叫座的美食。 3. 無心插柳卻讓這改良過的「水果餅」美味傳遍天下。 4. 這味獨一無二的豆花，可是來新化才吃得到的在地點心。

代表性的餅店。內有販售各式的糖果、月餅、喜餅，最有名的則是遠銷世界各地的「水果餅」。創辦人周逢泰先生最早是進口西藥的商人，二戰藥源中斷，只好改做糕餅生意，戰後便交棒給姪兒周昭安承繼事業，也開展了泰香餅舖成為「新化鎮餅」的傳奇。

老闆周昭安壓根兒沒想過水果餅會晉升為新化名產，他表示，從前新化人的家裡只要有了男丁，都會在隔年做紅饅頭答謝神明，但因紅饅頭不耐放，就改做成「水餅」，這是餅舖裡最早賣的餅。後來由於老頭家注重養生，便改良內餡，以糯米粉為外皮，內包甘藷、桔汁、麥芽糖，成為今日的水果餅，回顧其緣由，含添丁之意，故又稱「丁餅」。也因為內餡用「新化三寶」之一的地瓜所製，所以被當作「鎮

109

餅」，重要性十足，是老鎮巡禮必備之伴手。

　　之後更因為媒體的爭相報導，讓這個南國純樸小鎮掀起一陣水果餅風潮。曾在1997年被評為優良糕餅，接了不少國外訂單，也在國際間打開了知名度。傳承四代

的泰香餅舖，目前由第三代接手，第四代的小老闆也已經開始準備，家人齊心，堅持延續這個讓新化揚名海外的「鎮餅」，也努力捍衛「鎮餅」在新化的地位。

　　疫情期間國旅正熱門，能夠一次囊

5

6

5.「羊肉爐」儼然成為新化的代名詞。
6.古法燻製的羊肉爐四季皆宜。

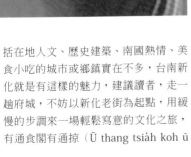

括在地人文、歷史建築、南國熱情、美
食小吃的城市或鄉鎮實在不多，台南新
化就是有這樣的魅力，建議讀者，走一
趟府城，不妨以新化老街為起點，用緩
慢的步調來一場輕鬆寫意的文化之旅，
有通食閣有通掠（Ū thang tsiàh koh ū

thang liàh），試試看你就知道！

Kaohsiung
高雄

# 網美眷村溫暖人情味

提到「左營」（Tsó-iânn），讀者的第一印象是什麼？是夏季蓮花盛開，在水中映成美景，自清領時期就名列為「鳳山八景」之一的蓮池潭嗎？還是出身舊城的「秀場天王」豬哥亮的故鄉？左營區向來被視為是高雄市極具文化潛力的所在，因為光是一個小小的左營，就聚集了不同時代的文化特色。

左營地名之源起，有幾種不同的說法，一是明朝鄭氏在台灣駐軍，其宣毅系統的前、後、左、右、中五鎮，左鎮設營於此地，故稱「左營」；二是清代軍隊在台灣分設南北營，鎮守於台灣府之左右兩側，因而得名，不過都尚未有確切的史料佐證。倒是「左營」一詞的出現，最早在文獻上的記載是雍正年間（1727-1734）的〈臺灣輿圖〉，在鳳山與隆莊旁的蓮池潭側，標註了原住民部落「左營社」，後推測可能原住民與漢人混居，一直到嘉慶年間才成為以漢人為主的「左營莊」。

日本統治時期，1920年，台灣總督府實施地方改制，本區設「左營莊」；後因應「南進政策」，在左營設置海軍基地，作為南進的據點。戰後，中華民國政府於1949年將海軍總司令部遷至左營，也設置許多重要的海軍機構於此，因為這個時空背景，讓原先以閩南裔族群為主的左營，注入了來自中國各地的新移民。

這些來自中國的新移民，承襲了日治時期的海軍宿舍區，形成了台灣最大的單一軍種眷村，也引進了來自中國不同省份的生活方式與特色料理，讓左營呈現出十分特殊的在地飲食。

其中，被網友稱為「高雄小香港」的「果貿社區」，新興的打卡景點蘊含著中國北方道地的麵食早點，清晨時分，圓環馬路邊就看得到人群聚集、大排長龍，延著排隊的方向望前看去，三個大紅字「順、來、寬」，不對，應該是「寬來順」才對！還在思考著要點什麼吃的時候，乾脆看別人吃什麼就點吧！

包子、燒餅、油條是基本款，一家早餐店成功與否，點基本款準沒錯。剛出爐的鮮肉包，香氣撲鼻，一口咬下可清晰看見，肥肉與瘦肉差不多三七比例，老闆娘加了薑泥去腥，鮮嫩豬肉的汁液滲出，十分享受！另外，他們的燒餅內軟外酥，卻不會酥到乾裂，加上香脆油條，簡直一絕！

1. 許多人慕名而來的是這個多汁飽滿的厲害肉包。 2. 夾著蔥蛋的燒餅，蛋香四溢，口感軟嫩。

3. 燒餅內軟外酥，卻不會酥到乾裂，咬起來口乾非常不錯。

　　享用過美味早餐後，悠閒漫步於果貿社區內，與在地長輩閒聊憶當年，可以聽到中國各省的鄉音，以及不同的時代故事。轉眼間，又遇到了該吃中飯的時刻，超過 30 年歷史的劉家桂花燒雞，是果貿社區相當知名的老字號美食。

　　第三代老闆劉以安的母親丁春華來自中國山東，早年前因丈夫早逝，堅強地撐起家計，靠著這味家鄉名菜山東燒雞，獨自撫養四個小孩長大。過去傳統山東燒雞的口味較重，為了重新改良，根據漢方的各種天然香料調和，以桂花提香、甘草中和、八角、花椒，以及其他獨家祕方，做出三十多種香料的滷包；此外，更選用本土土雞，料理前還抹上龍眼蜜醃漬，兩者搭配起來相得益彰，完成之後焦黃軟香、骨酥肉香，筷子一剝，骨肉就能輕易分離。桂花香融合燒雞香，絕對是來到果貿社區不容錯過的美食！

4. 堅強的母親靠著山東燒雞擔起一家生計。

　　沿著左營大路走去，「文記」的蘿蔔酥餅，是眷村點心的絕佳選擇。老闆陳思文是海軍軍眷第二代，父親 15 歲便隨軍自湖南來到台灣落腳，從此在這裡生根、興家立業。

　　陳思文親手製作的蘿蔔絲餅，有豬肉、牛肉、紅豆、綠豆、芋頭及蘿蔔絲等 6 種口味，尤其是招牌的蘿蔔絲餅，造型看起來像蛋黃酥，餅皮經過改良後吃起來層次豐富，內餡和著豬絞肉與白蘿蔔絲，是許多客人認為必吃的點心，更讚賞餅的

5

6

7

5. 放入三十多種獨家漢方藥材滷製的雞肉，外皮才會焦黃軟香，骨酥肉香。 6. 小小的蘿蔔絲餅竟塞得下如此大塊的豬絞肉，簡直大飽口福！

好吃等級媲美大飯店。

來自上海江浙的家鄉味，來到高雄左營與「好菜頭」的相互輝映，讓台灣的飲食文化不只好吃，還更加有感情。幾百年來，台灣的歷史不斷更迭，族群、文化、飲食等不停地流轉與融合，左營的在地人，胼手胝足的將這份獨有的台灣好味道繼續傳承，也為老社區迎來新光景。

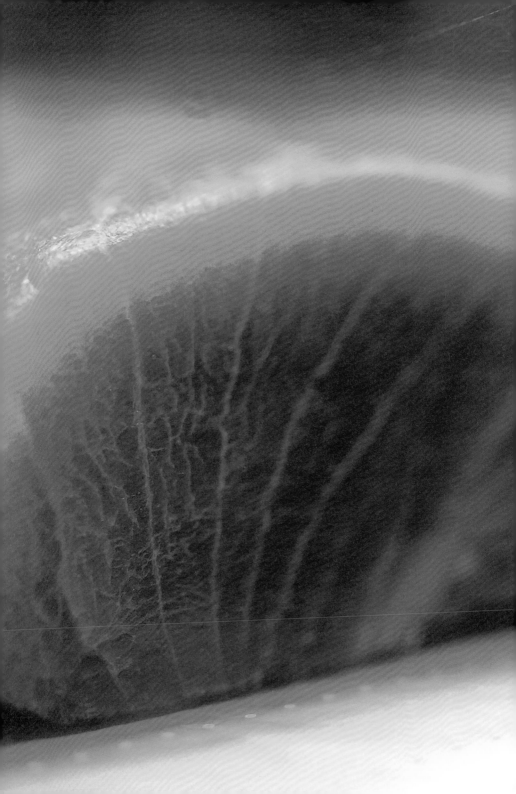

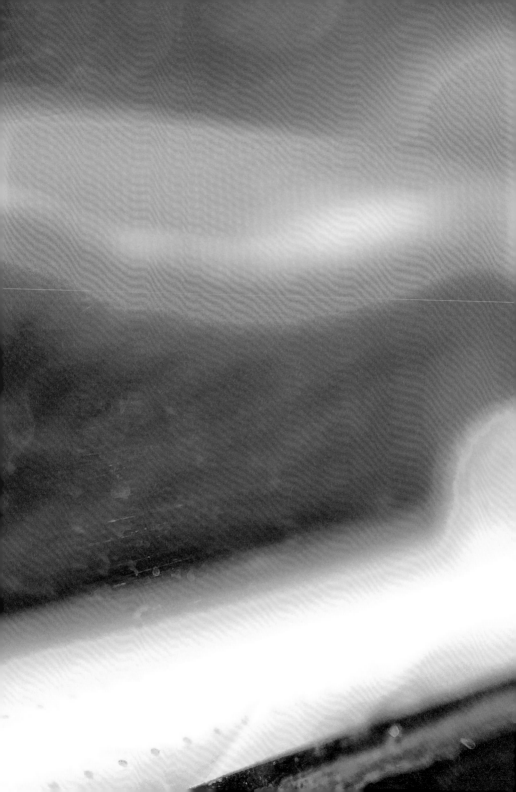

# 乘著黑潮的豐饒

屏東東港是全台灣最大的近海漁業基地，不只漁獲產量耀眼，更是黑鮪魚「烏甕串」（Oo-àng-tshǹg）的原產地，內銷外銷的成績同樣驚人！東港有百分之八十的鮪魚、旗魚、劍旗魚、櫻花蝦等漁獲銷到日本、歐美等地，說是台灣之光一點也不為過！

東港的討海人樂天知命，有滿滿的熱情和勇氣、在蔚藍大海不怕風雨的挑戰，而老天爺則用豐富的漁獲犒賞他們。每年的 4 到 6 月，洄游性的黑鮪魚在台灣南端的巴士海峽準備產卵，這是黑鮪魚最肥美的時候，今年的東港，也陸續傳出好消息，大船入港，從漁民的眉宇間就可以察覺出大豐收了！

「烏甕串」為北方黑鮪魚，是世界上最大型的鮪類，因為背部黑如墨，嘴巴小而身體大，有如一口甕，因而得名，由於肉質結實鮮美，被視為生魚片中的極品，具有高經濟價值，是東港人的超級黑金！

過去討海二十六年的老船長蕭受發帶著大兒子蕭友澤來到一級戰區，蕭受發的眼睛猶如鷹眼，精準地瞄準獵物，他希望子承父業，把自己多年來船長挑漁獲的眼光，慢慢交棒。

判斷黑鮪魚的好壞，油脂是關鍵，經驗豐富的老闆用手摸摸肚子就知道，買到

了最新鮮的漁獲，馬上就在市場的處理區迅速地做分割處理，俐落的刀工，將魚肉分切，這些珍貴的黑金即將送往在地人口中的「第一鮪」餐廳。

經以討海為業的老船長頭家，以出身漁民，就要相挺漁民的義氣，連續十年高價標下屏東第一鮪，逐漸打響第一鮪的餐廳名氣，但最讓在地老饕絡繹不絕的原因主要還是，頭家堅持用東港最鮮、最生猛的海產，做出各種台菜料理。

有六十多年歷史的老台菜—蜂巢蝦，是辦桌菜中最受人客稱讚的一道，小頭家蕭友翔選用每天現撈的大白蝦，裹上蛋汁後下鍋油炸，手捏蛋液拉絲入鍋，再將打勻的蛋液，從濾網中過篩入油鍋，起鍋前還得不斷淋熱油，讓蛋液在高油溫下形成美麗的蜂巢狀，費工耗時的蜂巢蝦考驗廚師控油溫的技巧，若心急或控溫拿捏不好就會失敗，無法維持蜂巢蝦的脆度和酥度。在這麼多厲害的老師傅裡面，小兒子做的蜂巢蝦是父親眼中的驕傲。

1. 成堆的黑鮪魚，是外銷世界的台灣之光。 2. 色澤紅潤的新鮮黑鮪魚肉。 3. 辦桌老台菜蜂巢蝦，最受歡迎的一道菜，過程十分費工。

　　想要做好這道老台菜，至少得花三年的功夫，控油溫得沉得住氣，手勁還得不疾不徐，才能做出美麗的蜂巢蝦；另一道同款費功夫的料理還有鮪魚餅。製作鮪魚餅每樣食材得分開處理，再包餡成餅，還得先蒸過再煎，才能鎖住湯汁，這是第二代頭家研發的創意。

　　金三角，指的是魚鰓下方和上腹間的部位，油脂達90%，粉白色的油花，成網狀的均勻分布，這是最內行的老饕吃黑鮪魚一定會指定的部位，一吃就讓人難忘的金三角和黑鮪魚眼邊肉是幸福的滋味，各種特色的海鮮料理，客人吃得滿足，頭家看了也歡喜。

　　除了黑金黑鮪魚，年產量六千公噸的旗魚，也是東港漁民另一項重要漁獲。旗魚魚肉質地柔軟、油脂豐富，和台灣人的食物有很緊密的關係，諸如旗魚鬆、旗魚

米粉、從東港發跡的旗魚黑輪等，其中頂港有名聲、下港有出名的莫過於鮮甜多汁的旗魚丸。

　　無論是旗魚丸還是花枝丸，一嘴咬下都可以感受到魚漿的鮮甜滋味，不只汁多，而且味香，還有具生命力的Q彈口感。這些都是要花時間去磨出來的成果，為了呈現最好的品質，第二代頭家每天清晨四點就早早準備食材了。

　　第二代頭家和父親兩人在廚房裡忙進

5

6

7

5. 金三角是內行海鮮控指定必吃的部位。 7. 無論是旗魚丸還是花枝丸,一嘴咬下都可以感受到新鮮魚漿製作的鮮甜滋味,汁多味香,還有 Q 彈的口感。

忙出,因為製作旗魚丸和花枝丸非常耗工,首先得先處理花枝和旗魚原料,把它切成小塊,先攪碎,再攪成泥狀,這期間還要加冰塊降溫,頭家得憑經驗確認魚漿的顏色和黏稠度,才能進行下一個步驟。

除了豬油,還要加上少許麵粉增加彈性和黏性,紅蘿蔔絲、油蔥酥增加丸子的香氣,鹽巴和糖則是提味,對於食材的選擇,他們的祕訣只有兩個字:天然!做花枝丸的魚漿,看得見滿滿的花枝;旗魚漿也是用旗魚原塊魚排打製而成,因為不添加漂白劑

**16** 東港 Donggang

來拚賣相，只有樸素的灰白色，這些魚漿要先冷藏靜置一晚，讓裡面細小的空氣浮出，製作出來的魚丸口感會更扎實。

煮丸子的水溫、捏丸子的速度都關係到成品的口感，因為只加少許麵粉，也不靠添加物來增加彈性，丸子成敗全靠功夫，頭家純手工擠捏出一顆顆丸子，先入水成型，最後再入鍋水煮，手腳俐落與時間賽跑，同時得注意溫度，因為溫度太高，丸子的鮮甜會流失，若不夠熱，丸子表面又會裂開，每一個環節頭家都會仔細把關，這也難怪做出來的魚丸會如此受歡迎。

「乘風破浪愛行千里路途，雙腳踏定堅持方向；手中有未來的幸福，英雄毋驚驚濤駭浪。」行船、討海，和漁業形影

不離，一生與海為伍的東港人，為了這些澎拜豪邁的鮮美滋味，做任何事都敢衝、敢拚，不服輸的個性，對生活永遠充滿熱情，他們以氣力，拚出這些乘著黑潮來的豐饒，這些最生猛的美味，形塑出屬於東港人的大航海時代！

Taitung

台東

# 山珍海味齊聚東台灣

台東平原是原住民卑南族、阿美族的居住地，清領時期咸豐初年，移居至此與原住民交易的漢人漸多，逐漸形成漢人村落，根據阿美族社名之一的「Posong」，漢字譯為「寶桑」，直至1887年清廷在此設置「台東直隸州」，才有今日「台東」（Tâi-tang）之名。台東擁有多元的族群發展，且保留各自獨特的飲食文化，早期原住民豐富的生活遺跡卻彷彿如一本無字天書，訴說著台東的歷史軌跡。

距離台東市中心的11公里處，卑南鄉東興村有著一個縣內唯一的魯凱族聚落，平地漢人口中的大南村「東興部落」也就是達魯瑪克部落（Taromak），意思是「我們的家」，同時有勇士團結的意味。

五月初的夏日，樟樹香氣瀰漫在空氣中散發淡淡的芬芳，置身於此，讓人心情放鬆許多，這裡是達魯瑪克的獵寮區。眼前看著柴火燒著大鍋爐，這是魯凱族的Talrke。大火漸漸燒乾湯汁，手也得不斷地攪拌，因為傳統婦女煮大鍋時，為避免焦化，煮飯的人必須搖動身體來滾動鍋內的食物，搖來搖去的動作就讓此道料理取名「搖搖飯」。

這是一道與家連結的菜餚，穀物與野菜的結合，早期白米配給不多，所以只能放一點點的量，再加入其他雜糧與野菜。現在則是要吃什麼就加什麼，白米、小米、紅藜，混合一起煮到黏稠狀，再加入一早用心採集的當令新鮮野菜，如烏甜仔菜、南瓜芯，然後依舊不斷地攪動，不用繁瑣

的料理手法，用心即可！

除了這鍋Talrke，有時部落的婦女們還會加菜給點小驚喜。例如這道「山地瓜遇上海之按照你的夢」，簡稱「山海之戀」，就是飛魚與山豬肉的結合翻炒，難得吃到的風乾山豬肉油脂炒到晶瑩透亮，現場香味四溢，山與海果然迸出新滋味！

淡綠色的Talrke，帶有炭燒的香氣，白米、小米、紅藜已融為一體，口感類似濃稠的粥品，食材的原始滋味完全呈現，不用多加調味，一絲絲龍葵的微苦味，南瓜芯的清甜，每一口味道不盡相同。配上Ilam這道山海之戀，飛魚與山豬肉的山海碰撞，咀嚼過程增添了層次感，品嘗部落美食的同時，更多是聆聽感受族人傳遞分享的理念。Talrke，就是一道傳承部落記憶的傳統美食！

飲食是維持生存的最基本需求，「用什麼吃」成為族人與大自然間的聯繫，在部落隨手可得的葉子，除了保鮮肉類作

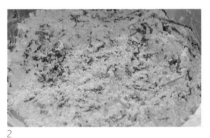

1

2

3

1. 搖出鄉愁 療癒人心記憶家常菜。 2. 要吃就得動,這是遙遙飯的唯一祕訣。 3.「山海之戀」名字取得浪漫,味道更是一絕!

用,也有盛裝物品的功能。使用野生的月桃葉、姑婆芋葉、香蕉葉,或是血桐葉等,都是族人的傳統習慣。

現代看起來頗有響應環保概念,但是族人這項「生態智慧」早已代代相傳,且從小便學習、了解所居住的山林,並懂得如何適時取用,不過多採集,與自然共存,從山林裡習得美好,而餐桌上的美麗擺盤更是展現族人獨特的生活美學,讓人在享

用餐點的同時,視覺上擁有滿滿的驚喜。

說到鹽,大家一定不陌生,我們都知道海水可以熬煮出調味用的鹽,但是有一種鹽,卻是從樹上長出來的。

在達魯瑪克有一種樹叫羅氏鹽膚木,它的果實,青綠色的果實上會被雪白色的結晶體覆蓋住,是早期原住民的重要鹽分來源。每年的 10 月到 12 月是果實的盛產

4. 羅氏鹽膚木醃出的肉，滋味與眾不同。

季，嚐起來有微微的鹹味又帶點酸味，可以醃肉、煮湯或是炒菜。這就是來自樹上的鹽巴。

不只如此，這也是老人家小時候的「零嘴」，每個人身上一定會有幾株，也會綁在腳踏車的龍頭上，玩到口渴的時候，彎下頭就可以吃，鹹鹹的還會回甘，既止渴也比較不易中暑。傳統獵人上山打獵只要帶獵刀和火種，直接用鹽膚木果實就可以醃肉，可見鹽膚木在族人生活型態中非常重要。

現在族人與其他單位共同研究，把羅氏鹽膚木採集回來後，日曬、再送到外部單位磨粉，以羅氏鹽膚木為基底，添加當地咖啡以及和各部落合作的農產品，開發出多種不同口味的香料鹽，製作成更精緻的香料鹽，藉這個機會，帶動部落的經濟效應。

鹽是料理最基本的靈魂，也是調味的精髓，羅氏鹽膚木算是小兵立大功，現在已經成為達魯瑪克部落重要的產品之一，

5

6

5. 台東出品的「水果中的綠巨人」釋迦，品質保證！

族人承襲老一輩的想法，希望能夠永續經營，讓更多人知道這項山林裡的「綠色寶藏」。

車子一駛進太麻里，沿途釋迦招牌比比皆是，眼前一籃籃釋迦擺放整齊，這是台東出名的大目釋迦。頭家陳宏榮說在地農民不斷改良研發，新的品種也越來越多，各有特色，口感也不盡相同，大目釋迦肉多籽少感感偏甜，鳳梨釋迦略酸，金旺釋迦採收時一打開便是香氣十足，外型偏大，送禮大器又好看！

來到台東才吃的到的「限定釋迦鮮蝦卷」由台東盛產的旗魚漿，加上新鮮蝦子、再加上道地大目釋迦，再包上扁食皮外衣下鍋油炸，吃起來、鹹鹹甜甜的，酥脆香甜、入口即化，嘴裡的湯汁還有陣陣充滿濃濃釋迦的香味。

太麻里名稱來自排灣族語「Tjavual-ji」，意即「陽光下的沃土」之意，特殊地理環境，溫差或濕度上皆符合咖啡生長所需，因此太麻里所出產的咖啡在曙光中成為台灣咖啡另一顆耀眼的新星。

7. 在「陽光下的沃土」種植出的咖啡豆，品質保證！

8. 不惜成本的新鮮天然好滋味

在地農家子弟郭家文，從小在販賣水果家庭長大，對水果的各種特性都瞭若指掌，將滿滿創意融入傳統冰棒，翻轉父母的農業模式，強調傳承、天然、創意、手作的可貴！用一種惜福的執著，堅持嚴選當季水果，衛生安全的製作流程，完整呈現水果原始味道，堅持讓大家能吃到台灣最甜美的台灣味，水果攤的人，汗水不會乾涸，每一滴都豐滿生活與健康。

有人說「愈在地，就愈國際。」每個食材都是獨一無二，不可取代的，在台灣，一塊豬肉，一隻魚，一粒水果，歷史、風土、記憶、創意、人情，多元味道，各自獨特；尋找台灣味，其實也是尋找自己的根，我們用食物的想像，把台灣味做得更深，說得更加迷人！

9. 愈在地，愈國際。如同這群打拚的人，齊力從台東迎向世界。

# 海水的滋味

在太平洋上有一座親像綠色寶石的島嶼，是達悟族世居的所在，達悟族語稱這座島嶼為「人之島」（Ponso no Tao），跟著月亮的曆法生活，靠著海洋得到族人繁衍的養分。

漢人最早將這塊美麗之島以台語音譯為「紅頭嶼」（ng-thâu-sū），日治時期也繼續沿用，戰後的 1947 年，才因島上盛產蝴蝶蘭而改名為「蘭嶼」。從台灣搭船至此，經過兩小時的海湧起落，此時已經是炎熱的夏天。

飛魚是台灣東海岸黑潮帶的主要魚類之一，特別是蘭嶼的達悟族人與飛魚有非常緊密的關係。達悟族語稱作「AliBangBang」的飛魚，台語可不能照華語直翻，而是叫「飛烏」（Pue-oo）。連橫在《台灣通史》中就記載：「飛烏，狀如江鰡，有翅能飛。」由此可理解為，早期的討海人以形命名，因為像是長了翅膀的烏魚，故而得名。

飛魚不僅是蘭嶼人重要的食物，也是傳統文化的核心。每年春季，飛魚族群會隨著黑潮來到蘭嶼附近的海域，達悟族人便會舉行「招魚祭」（Mivanwa），意為「召請飛魚」，祈求漁獲豐收，之後開始捕捉飛魚，這是整個飛魚季的開始。

走在蘭嶼的各個部落裡，很簡單就能找到有在販賣飛魚各式料理的店家，傳統蘭嶼的料理手法，可以說清一色都是水煮，沒有蔥、薑、蒜、辣椒調味。雖然說蘭嶼在數百年前已經歷過許多國家、不同的文明來來去去，不過一直到今天，傳統達悟族的長輩依然相信是天神創造他們的祖先，也指導祖先靠山吃山、靠海吃海的方式，所以在達悟族人的飲食文化裡，依然遵守祖先傳承的儀式與規則。就像飛魚的原始吃法，至今仍是蘭嶼老人家最愛的滋味。

瀟灑東曾經在台灣餐廳當過大廚，五年前回到故鄉蘭嶼開店面，從小就跟著長輩出海捕飛魚的他，既傳承蘭嶼的傳統手藝，也擁有一身台式料理的好本領。

阿東哥說，傳統達悟族人將魚分為三類：老人魚、男人魚、女人魚。老人魚是只有老人才可以吃的；男人魚皮比較粗、肉比較腥，給男人吃；女人魚則是味道鮮美、肉質細膩的魚，但是最難抓到。

2

1

3

1. 提到台灣的離島，就不得不提蘭嶼的美。 2. 飛魚是蘭嶼達悟族人重要的蛋白質來源，也是重要的文化信仰象徵。

　　正港原味的飛魚湯，水滾之後放入綁好的飛魚進鍋煮，這樣的吃法在早期的蘭嶼會延續到六月飛魚季結束。不只是飛魚煮湯，阿東哥還融合自己在台菜領域的好手藝，把飛魚應用到各種菜式還有這道招牌的飛魚炒飯，製作方式是非常費工，要先將飛鳥的魚刺挑掉，才可以每一口都吃到滿滿的飛魚肉，好吃到讓你直呼再來一盤！

　　飛魚皮包飛魚卵的飛魚捲心，油脂鮮美的魚皮搭配爽脆的魚卵，整捲入口像是吃下一整條飛魚；還有這道吃起來像在嘴巴裡跳舞的飛魚卵刈包，特製醬料讓人胃口大開；更有口感 Q 彈有嚼勁的麻油飛魚卵，光這一鍋就不知道用了幾條飛魚的卵，一款飛魚多款吃法，真的吃到筷子都捨不得放下了！

　　若說大海是蘭嶼人的冰箱，那麼芋田

137

就親像是蘭嶼人的米間了。對達悟族人來講，海是男人的獵場，芋田就是女人的領域，一塊一塊的芋田照在島嶼天上，也照著婦女們忙碌的身影。其實芋頭、蕃薯都屬蘭嶼人的傳統主食，不過，水芋更加重要，像飛魚季、傳統慶典、新居落成等，都會用水芋做為祭拜天神的祭品跟賀禮，而且，水芋種得好壞與否，也代表著這個家族的財富或者是個人的能力。

眼前的這片水芋田是這位水芋媽媽五年來辛苦的結晶，俐落的身手採水芋，切

5

6

7

5. 包滿飛魚卵的飛魚捲心，大小飛魚一次享受。
6. 刈包不是只能夾豬肉，配飛魚更是絕佳風味。

掉要吃的部分，剩下的再種回去。採收回來的芋頭要先洗淨削皮，放入電鍋炊熟後，加糖攪拌撬撬，最後疊在盤上變成糕狀。芋頭糕沾豬油，配上達悟族火烤的煙燻臘肉，這是正港蘭嶼的美味吃法！

傳統達悟人一天只吃兩餐，對他們來說，餐桌上的食物都是珍貴的勞動成果。在遵守歲時祭儀的生活方式中，處處可見人在大自然中「順應天命」的智慧，不過度捕撈海洋生物，也不過度開墾種植農作，畜養的牲畜只有在重大節慶才會宰殺分享，在這

139

8. 男人出海捕飛魚，女人耕耘水芋，是蘭嶼達悟族人的世代傳承。

9. 水芋是蘭嶼達悟族人的傳統主食，細心照料才有這辛苦的結晶。

裡，對大自然心存敬意是必要的。

　　來到蘭嶼，騎著機車環島，緩緩經過六個部落，紅頭、漁人、椰油、朗島、東清、野銀，沿途可以看到東清灣、情人洞、雙獅岩、母雞岩、五孔洞等秀麗美景。海上也非常精彩，除了漲退潮的潮汐，還有黑潮的變化，俯瞰這顆太平洋上的綠色寶石，海水清澈見底，聞著空氣中的氣味，彷彿徜徉於海中，用飛魚的姿態自由翱翔。

Hualien

花蓮

# 最古早天然的狂派台味

擁有許多世界級美景的花蓮，東臨太平洋，西倚中央山脈，加上壯闊的縱谷與多元的人文風貌，以及親切熱情的在地人，贏得許多國內外遊客的青睞。這裡古稱「奇萊」。

清領時期官方採取鎖山政策，鮮少有漢人進入花蓮，一直到十八世紀末的嘉慶年間，才有第一批漢人移民由噶瑪蘭遷徙至花蓮溪口一帶。當時這些漢人移民見澎湃的花蓮溪水激盪入海，水花壯觀且波瀾迴繞，遂以「洄瀾」（Huê-liân）稱之，後來才改為台語音近的「花蓮」（Hoa-liân）。

現在花蓮的人口約有 32 萬人，縣治之內有阿美族、泰雅族、太魯閣族、布農族、撒奇萊雅族、噶瑪蘭族、賽德克族等，豐富的原住民文化與人口，約佔花蓮總人口的四分之一，其中，以阿美族的分佈最廣。而原住民是最早世居於台灣的人，所以說，原住民的飲食文化是台灣「最早的台味」，一點也不為過。

五月天帶來了些許的熱氣，隨著車行緩緩轉入台 11 甲線，帶著都市的塵囂來到光復鄉，抵達花蓮光復第一市場。當地人都知道，在光復市場買菜要趁早，因為這不是一般的早市，而是一座以在地野菜為主角的市場，野菜數量非常有限。若是初次看到野菜的人，可能沒有概念，與其說是蔬菜，不如說是一些平常沒看過的葉子，在這裡，彷彿看到另一種野菜新勢力。

眼前這個長得像蔥蒜的野菜，是阿美族人相當喜愛的「火蔥」（Lokiy），也是阿美族人餐桌上常見飲食文化，它的台語名稱叫做「蕗蕎」（Lōo-giō）。古籍《黃帝內經》中，植物五辛包括了「韭、興渠（洋蔥）、薤（ㄒㄧㄝˋ）、蔥、蒜」，其中大家最不熟悉的就是「薤」，就是「蕗蕎」，食用歷史相當悠久，阿美族部落傳統的吃法是沾鹽巴生食，或者配鹹豬肉食用，口感酥脆，尾韻類似生蒜的辛辣味。

廚師展現創意功夫，現炸的豬排沾上蕗蕎與優格攪碎的醬料，嘗一口外酥內嫩的豬排沾上特製蕗蕎沾醬，優格降低蕗蕎的辛辣感，味道略微溫和清淡許多！更是在口腔內展現不一樣的氣味！

1

2

3

2. 各式的野菜是原住民日常飲食重要的食材。 3. 豬排佐蕗蕎 「蕗蕎」（Lōo-giō）有許多種吃法，與鹹豬肉一起吃，味道相得益彰。

　　阿美族有一句諺語「吃藤心壽命如藤條長」，你可能想像不到，部落珍貴的食材「藤心」，有一部分就是小時候老師用來打學生屁股的籐條，園裡的藤心不噴藥、少蟲害，得種植三年後才能採收，取得不易，也是真正清潔無蟲害的健康菜。部落限定「藤心雞湯」，族人為避免湯汁顏色深暗，先將處裡好的藤心進行汆燙，如此一來，湯汁顯得清澈美觀，也保留藤心外脆內鬆的獨特口感，並不會因為跟著雞湯水煮而軟爛，濃苦之後留在齒頰間的，是一股綿長的甘甜幸福！

　　這個外型圓圓胖胖，看起來有點類似工程車所裝配的輪胎，是花東地區可見的特殊山菜。 吃起來口感類似苦瓜加綠茄子的綜合體，比一般的苦瓜還苦兩倍！直接水煮後沾鹽吃，或者是阿美族餐桌上常見的野菜湯，車輪茄也在其中扮演重要角色。 不用太多調味的野菜湯，眾多野菜的

4. 苦中帶甘，野菜的親摯好滋味。

結合，其湯頭卻出奇的鮮甜，苦後回甘，每一口在舌尖上都展現不同滋味。

沿著年輕人口中的光復鄉西門町街口往馬太鞍橋前進，我們進入「太巴塱部落」。Tabalong 在阿美族語是白螃蟹的意思，因為土地富饒，日本時代便改稱「富田」，主要農作物有水稻、箭筍、藤心以及紅糯米，太巴塱也是更是全國唯一紅糯米的產地。

紅糯米是部落相傳幾百年的聖品，一

6

7

8

6. 車輪茄入湯，是阿美族的日常飲食之一。 7. 料理師發揮創意，將咪咪飯搭配新鮮蔬蕗，一口入嘴，微嗆Q彈，配上肉片撒上蔥花，更是一絕！8.「部落寶石」傳百年 飄香太巴塱

年只收成一次，於是族人展現醃製的功力保留珍貴的紅糯米，廚師也絞盡腦汁創造出一道道美味佳餚。

醃漬後的酒釀紅糯米辣椒放入果汁機磨成泥狀做成沾醬，在炎炎夏日烤個五花肉，沾上些許醬料，入口立刻感受到微微甜辣感，五花肉的軟嫩搭配酒釀紅糯米沾醬，一股淡淡酒香味，五花肉顯得油而不膩，加上少許花生豆增加咀嚼口感，讓人一口接一口，也過足肉癮。

10

11

12

11. 清明前夕，花蓮光復鄉民，搖身成為筍農。
12. 百年傳香好滋味，回甘味——洄瀾味。

　　清明前夕，整個光復鄉好像更加熱鬧了，因為這是箭筍採收的季節。箭筍鹹豬肉湯，是在地的秘傳料理方式，通常會選用自家的「純鹽醃生豬肉」，將鹹豬肉與箭筍一起煮，鮮嫩的箭筍染上醃豬肉的香氣，箭筍夾著肉香，一口咬下，鮮嫩多汁又可口。

　　《清異錄》中講到，「醬，八珍之主人也」，「醬油」則是由「醬」演變而來，相傳醬油起源於中國古代皇帝御用調味聖品，由鮮肉醃製而成。由於風味絕佳，漸漸流傳到民間，後來民間發

9. 春筍尋味 萬「篩」齊發。

現大豆製成醬油，風味相似且便宜，醬油
才普遍應用在料理之中。 老闆堅持的醬油
店成了花東最後一家傳統手工醬油工廠。
傳承三代的醬油老店，釀造屬於花蓮的特
有的回甘味——洄瀾味。

少年頭家許桓巽承襲父親許南東傳統

手工釀造的堅持，創新帶領老字號工廠走
向在地化和精緻化。

只要有去過花蓮，基本上一定都吃過
使用這家老店的醬油來調味的小吃，這種
靠時間釀造出來的醬油，比起一般吃到的

14. 國民美食
花蓮在地老司機私藏台式下午茶。

醬油更香。老店儼然交織成在地味道的支
援鏈結。

在花蓮,似乎可以想像到過去國文
課本中陶淵明那種閒適自得的心境,置身
於此與山林共舞,體會原住民如何傳承祖
先智慧,共同擁抱大自然與傳統文化的美

麗,努力、踏實又自在的過每一天,在平
凡中造就出屬於花蓮的不平凡。

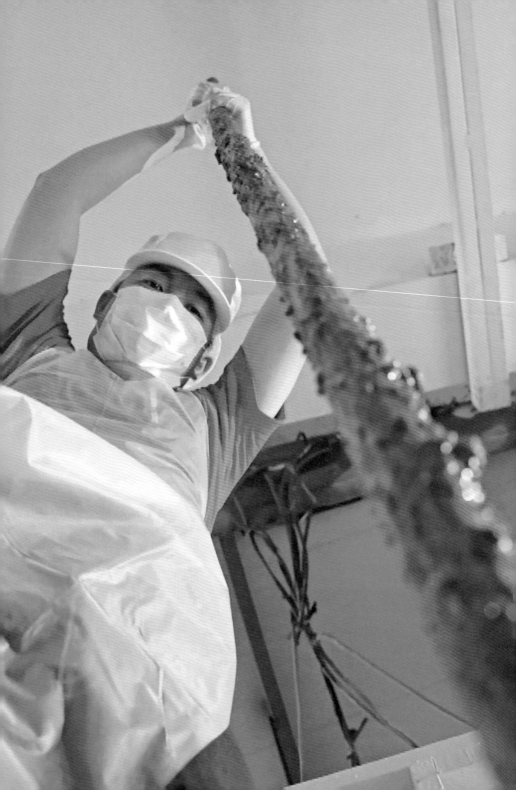

Hualien

花蓮

# 異國料理

花蓮的地景上，有中央山脈、海岸山脈、秀姑巒溪、立霧溪等；人文上，有原住民、閩南人、客家人等多元族群。壯麗的地景和豐富的人文，不斷地交織、融合，使得花蓮美得令人驚艷。然而，在這不到 30 平方公里的花蓮市裡，廣納了來自各國的新住民，也替花蓮增添了新世界的飲食文化激盪。

七星潭是花蓮著名的景點之一，位於與花蓮市毗鄰的新城鄉，彎彎的背倚著中央山脈，面向著蔚藍的太平洋，美不勝收。有家餐廳便把窗外的美景當作店裡的裝飾之一，不僅是水岸第一排，還是獨一無二的專屬。

充滿阿美族藝術風格的擺設，顯然是一家原住民風味餐廳。阿美族是最善於採集野菜的民族，在世代傳承的傳統裡，學習認識山裡的植物成為他們的求生本能，舉凡山中野味、海中鮮味，都能經過他們的智慧和巧手變成美味的佳餚。

號稱「部落美男子」的阿美族青年胡志強，來自光復部落，離鄉北上打拚數年後，決定帶著妻子回到家鄉重新開始，在風光明媚的七星潭開了一家能展現家傳好手藝的餐廳。

小米酒在原住民的生活、祭祀，以及禮俗上佔有很重要的角色，製作方法是將小米蒸熟，放涼，加入搗碎的酒麴發酵，然後靜待數日完成。這是胡志強媽媽親手釀製的小米酒，裡面也包含著母親對孩子的關愛，也表達了身為阿美族的老闆對客人的熱忱歡迎。

這道石板山豬肉，有別於一般食用的家豬，山林裡活躍而充沛的生命力，讓肉質顯得更為結實而鮮美，只需簡單蔥蒜以及七味粉提味就相當好吃，搭配店家特製的金桔酒釀慕斯能夠合宜地去油膩感，擺放在石板上，完全呈現這道菜來自山林最好的樣貌。

鹽烤魚則採保有原味的鹽烤料理方式，用鹽包裹住食物烤，封住水分和鮮味，魚肉就能維持原本的鮮嫩多汁，魚肚內塞入香茅，除了去腥，烤過的魚也會泛著清香；野菜南瓜湯以營養價值高且帶甜味的南瓜為湯底，加入市場剛買的新鮮野菜，由於多種蔬菜自帶鮮美，不需太多調味就能煮出一鍋養生又美味的好湯，湯裡的野菜有老鼠瓜、龍葵等。

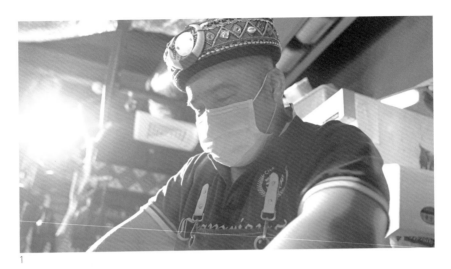

1

2

3

1. 阿美族青年胡志強，背負起傳承部落飲食文化的使命。 2. 傳統的阿美族料理，以新姿態重新刺激饕客的味蕾。
3. 野菜南瓜湯料多實在，營養價值豐富。

　　這是部落美男子胡志強心中的使命，感念長輩的教養之恩，希望將族人的傳統味道延續，才將所學從料理中展現出來，一切都是為了繼承老人家的智慧與意志。

　　在花蓮傳統市場的採買人群中，出現一張洋面孔，俊秀的臉頰上留著落腮鬍，他是法式常家菜料理廚房的老闆Nicolas。來自法國巴黎的Nicolas不會說華語，只能按照拼音小抄硬著頭皮上陣。

　　這位法國帥主廚Nicolas採買了許多食材，回到位於花蓮火車站附近的法式高人氣餐廳。這家餐廳以法式家常菜燉飯和薄餅為主，希望營造一種「到朋友家作客」的輕鬆氛圍，打破我們既定印象中的華麗法國料理。

　　以「燉飯料理系列」為例，就是簡約又豐富的套餐。馬賽海鮮燉飯由蝦頭蝦殼、魚骨、魚頭、蛤蠣熬出燉鍋的靈魂高

4. 傳統炙燒手法，讓聞名於日本四國的鰹魚生魚片在花蓮開展。

湯，再炒香洋蔥、甜椒、紅蘿蔔和蕃茄；利用鑄鐵鍋自循環的特點，加入高湯後煮出蔬菜的鮮甜，完全出自食材的原味，最後加入兩種魚片、蛤蠣、淡菜、透抽、剝好殼的蝦子，撒上的香菜，接著擠一點檸檬汁增添清爽，主菜就完成了。搭配生菜、及主食白飯和法國麵包，就是馬賽海鮮燉飯套餐了，這道源自法國東南方，地中海沿岸的馬賽的海鮮燉飯，有著濃濃的海港風情。

除了燉飯，法式薄餅也是一大重點，

起源於 16 世紀法國西北部的布列塔尼地區的法式薄餅，當地盛產蘋果和蕎麥，原來只是當地人的傳統料理，後來因廣受歡迎而成為歐洲的傳統平民美食。法式薄餅有分鹹的和甜的：鹹薄餅，以蕎麥粉製作餅皮，以蕎麥粉製做的餅皮特色就是軟Q，吃起來有淡淡蕎麥香。

鹹薄餅經典作法會搭配法國火腿、愛曼塔乳酪及太陽蛋，這是法國家常的薄餅口味，簡單又讓人難忘的好味道。除了道地的法式口味，主廚也研發了幾種花蓮在

5

6

5. 法國主廚 Nicolas「嫁」來台灣,「嫁妝」則是他帶來的法國料理。

6. 台法食材的交流,迸出花蓮新美味。

地的口味,像是剝皮辣椒鹹豬肉口味,就是因應花蓮當地食材所研發的新口味,「台法合璧」的創意新美食!

充滿文藝氣息的用餐環境、道地的法國餐點,即使不出國,搭個火車到花蓮,也可以讓人享受身在異國的浪漫情調!

隱身在博愛路上的這家日本料理店,店門口並不起眼,很容易錯過,走進來才發現是另一處桃花源,眼前呈現

的是來自日本四國的東洋味料理。

老闆溝淵剛先生的老婆是花蓮阿美族人,會選擇在花蓮落腳開店,除了太太的關係,也是因為好山好水的花蓮跟他的故鄉—日本四國高知縣的景緻十分相似,所以店裡菜單的設計也是家鄉味為主,其中,以「稻燒炙烤鰹魚生魚片」深具四國特色的料理聞名。

「稻燒炙烤鰹魚生魚片」是老闆溝淵剛的家鄉—四國高知縣從江戶時代流傳至今

7. 即使是夏天，也要忍受高溫，以古法技術製作出好味道

的傳統料理手法。利用稻草炙燒手法，在新鮮的鰹魚灑上海鹽後，將稻草點火煙燻魚肉表面，稻草點燃熊熊大火，濃郁燻香讓鰹魚生魚片染上稻草香，形成邊緣吃起來微脆，魚肉呈現半熟的口感，嚐起來有淡淡的焦苦味，魚的種類選擇上，以鰹魚最合適，炙燒過後的生魚片上淋上老闆自製的桔子醬，一邊拍打魚肉，讓醬汁的味道能滲透到魚肉內，我們稱之為「たたき」（tataki）。

大把稻草一碰到炭火，立刻竄出濃郁稻草香，師傅手不能停，來回轉動烤香鰹魚外皮。大刀一切，焦香魚皮裡藏了粉嫩魚肉，放上薑泥、醬油蒜片，還有充滿果香的水果醋，就能上桌。

傳統的「たたき」，將肉或魚在火上或平底鍋中非常短暫地燒焦，然後可以用醋短暫醃製，切成薄片，然後用生薑調味（將其磨碎或搗成糊狀，由此得名）。如此準備的食物也可以與醬油一起食用，並像生魚片一樣裝飾。

這種方法起源於土佐市（現在是高知縣的一部分），傳說它是由坂本龍馬開發而成，因為他從居住在長崎的外國人學習了歐洲燒烤肉的技術，運用在生魚片的處理，創造出獨特的口感。

從日本四國到台灣花蓮，溝淵剛先生夫婦和女兒齊心協力經營這家日本料理店，把故鄉最美的事物帶到新故鄉，分享給每位來到店裡的客人，看著牆上眾多名人所留下的足跡，問起溝淵先生是如何宣傳的？他說他從不宣傳，這應該就是台灣人「食好鬥相報」（Tsiah hó tàu sio-pò）的個性造成的結果吧！

小小的花蓮市，不同國家的新住民在台灣落地深根，成為台灣的一份子，共同為台灣文化綻放出繽紛的色彩，我們可以看到花蓮做為國際觀光城市的兼容並蓄，也可以看到台灣飲食文化上，有更多無限的可能。

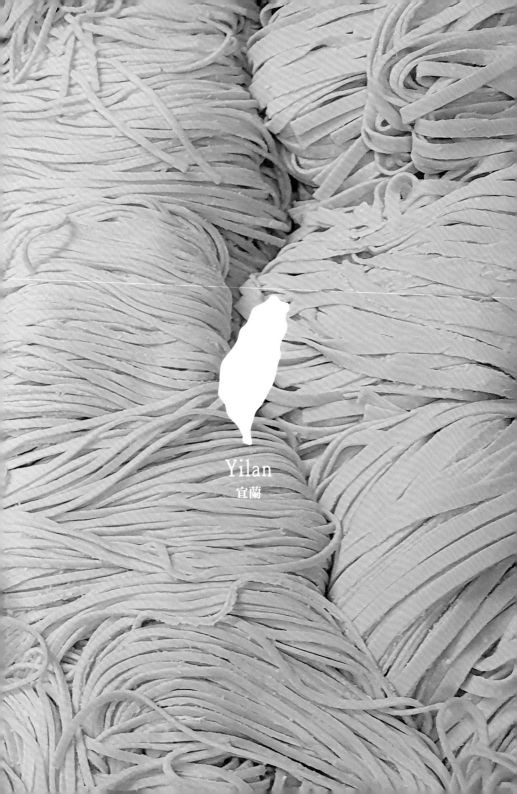

Yilan

宜蘭

# 東方慢城

蘭陽平原是台灣東部最早拓墾的區域。在漢人尚未進入前，這裡平埔族噶瑪蘭人活躍的祖居地，噶瑪蘭族人稱此地為「Kavalan」，譯為「居住在平原的人」，這是今日的宜蘭（Gî-lân）。

清領時期，《噶瑪蘭廳志》中的〈蘭陽八景詩〉，句句描繪平原上令人流連忘返的美景。位處台灣東北角的宜蘭縣，圍於三面背山，一面向海特殊地形，孕育出獨特的文化與人情味，呈現以三生共構的世外桃源，翠綠田園與悠閒步調，讓宜蘭被譽為「東方慢城」。

來到有著好山好水的宜蘭，從市場小吃到經典名菜，都是挖掘不盡的寶物，而宜蘭家家不同的手路菜，更是宜蘭人自小難忘的美味。

要找尋宜蘭人的家鄉美味，就不能錯過康樂路的南北館市場。清領時期，這裡是運用宜蘭河作為輸送稻穀的匯集地，到了日治時期轉為鐵路，貨品也更多樣化。稻穀買賣同時帶動了周圍的商業發展，形成市場的雛形，康樂路上逐漸熱鬧起來，酒家、戲院等娛樂去處都設立在此，每間店家、小吃攤門庭若市、人聲鼎沸，形成「宜蘭街食料品小賣市場」，也就是現在的宜蘭最大的南北館市場。

南北館市場儼然是宜蘭的廚房，東西齊全，如發酵用的米麴、豆麴、小雞小鴨、灌香腸的腸衣，田裡用的鋤頭鐮刀，毛線棉被，菜苗種子，還有迷你大稻埕般的南北貨店，逛起來簡直有增廣見聞的功能。到宜蘭安排一個早晨到南北館市場，用市場的一碗麵、一口湯揭開序幕，讓身體補充滿滿的能量。

台灣的市場有一種神奇的魅力，尤其在市場內買菜、尋找食材是有感染力的，喜歡美食的人，一般來講都會在大賣場裡尋找安全均值的食材，但是如果要買到真正能打動人的好料，就得往傳統市場找。尤其，要了解一個地方的美食特色，就從當地人的早餐開始。

宜蘭人非常愛吃乾麵，三餐都愛吃上一碗乾麵配上餛飩湯，這是宜蘭人的日常。創立於 1952 年，至今已超過一甲子的一香飲食店，是許多老宜蘭人的回憶。這裡的餛飩相當特別，剛起鍋時麵皮頗有口感，跟肉餡取得漂亮的平衡，讓湯汁吸

1. 最庶民的美食也能有滿滿的幸福感。　3. 宜蘭市北館公有市場。

收在間隙裡，餛飩雖然不是以大小取勝，但是靠著皮與肉的比例，以及皮薄餡香的實料贏得客人的口味，吃起來滑溜順口，一口咬下鮮甜的肉汁在嘴裡散發開，餛飩更是入口即化，一口麵一口湯，非常過癮！

除了早餐的麵食以外，宜蘭還有不少不容錯過的在地佳餚！這間傳承三代，走過一世紀的四海居小吃部，專賣傳統辦桌的手路菜，每道菜都是蘭陽經典的家鄉味，想要一嘗美味的饕客永遠川流不息。

老闆提到，這家店的歷史源於 1920 年，早期店內聘請許多本地的宜蘭總舖師，專做外燴，生意好得不得了！傳到第三代余茂昌，延續著阿公跟爸爸的手藝，當完兵就回家接班，但是他不再做外燴，而是將舖子改成小館，不過，有些味道是三代都沒有改變過的，可以說是宜蘭的代表。

4. 帶有豐富膠質的粉腸，是宜蘭小吃的特色之一。

粉腸是非常在地的小吃，一般只在宜蘭小吃攤才能品嚐到，在豬腸內灌入粉漿與配料，還會灌入豬肉丁來增加香氣，一口咬下Q彈的口感，以及鮮美青蔥的香氣散發出來；另外還有煙燻鯊魚煙，以鯊魚尾製作，鯊魚尾部肉質不會太乾柴，並且富有厚厚的膠質，一入口清脆軟嫩的口感讓人驚艷！

來到四海居首先不可錯過的就是綜合拼盤，店內提供客人任選四道小菜組成綜合拼盤，宜蘭的粉腸是小吃必點美食，由

粉漿、碎肉灌入腸衣製成，猶如果凍般的口感，蘸點醬油膏、薑絲就很美味！

來到宜蘭這還有一道特色美食是一定要品嘗的，而且老闆對這道料理也非常的講究。在物資欠缺的年代，肉品是絕對的奢侈品，大家自然會特別珍惜肉品。西滷肉就是源自於這樣的背景，廚師將辦桌剩下的食材切細、勾芡而成的料理。內容有大白菜、肉絲、香菇、木耳等，最後再加上香脆的蛋酥增添香氣和風味，點一碗白飯配著吃，除了受到遊客的歡迎，也是在

5

6

6. 傳統手做的米粿，在宜蘭開業四十多年，仍堅持依循傳統古法，將糯米磨成汁並壓乾直到成為「糯粄」，切成適當大小放入滾水裡烹煮，直到黏性剛好再撈起，最後敲打至產生黏性，口感 Q 彈軟綿。

地人喜愛的家常菜之一。

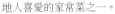

四海居每天限定一鍋的白菜滷，曾經端上國宴的西滷肉，把大白菜敦煮的軟爛入味，吸飽蝦子跟香菇等食材的精華，配上蛋酥更有層次感，酥炸的卜肉，外脆內軟也是饕客必吃。

老闆堅持使用雞肉、豬頭、豬五花等美味黑白切的高湯，來燉煮出鮮美的白菜滷，余茂昌從年輕就在大鍋前掌杓，憨厚的他循著長輩的傳統，天天跑

市場親自挑食材，攤商都說他挑食材很龜毛，但從不殺價只要求品質，操勞三十多年，身體到處痛，但他還是堅持天天現做，就是要留住記憶中的味道。

宜蘭人愛吃羹，更會做羹，無論是熱鬧大街或是隱密小巷，總會找到賣羹的小攤，卻在長大後離家求學、就業，發現異鄉就是找不到合胃的肉羹。北門蒜味肉羹創始於1966 年，老闆媽媽以大量的碎大蒜加入羹湯中，使普通的肉羹有了令人著迷的風味，也讓許多饕客一試成主顧。這是連在地人都

165

6. 蒜味肉羹總是吸引人潮聚集，可想而知其美味程度。

掛保證的「蒜味肉羹」，濃濃的蒜味，軟嫩的肉羹，之所以好吃，祕訣在於老闆堅持遵循古法，純手工製作肉羹，老闆說這是希望保持手感，直接判斷肉的品質，也能讓每一塊肉都更紮實。

獨特的蒜味調配，讓肉羹湯汁中，顯出一些微嗆，讓人感覺香氣逼人，吃起來十分痛快！不論平常或假日總是大排長龍，可以證明，這一碗蒜味肉羹獨特的魅力。這碗名為阿娘給的蒜味肉羹，正是老闆對媽媽表達的感恩之情。

食物和家鄉的連結總是最緊密的，出門在外如果吃苦受委屈，總希望回到熟悉的地方，用熟悉的味道溫暖脾胃與心靈。作為北部難得的青翠綠地與樸實城市，宜蘭的老字號美食，不僅堅守上一輩流傳下來的手藝，也努力在傳統與創新之間尋求平衡，創造出屬於蘭陽平原的在地指標。

Yilan Sanshing

宜蘭三星

# 為著夢想打拼實現的快樂農人

宜蘭三星鄉是蘭陽平原與山地接觸點，也是平原地勢最高的地方。自古即是原住民與漢人貿易來往的地方，有衝突，亦有交流。以地理形勢來看，三星鄉是「活水源頭」，其水質相較於其他地區更為乾淨，加上位於山邊雲霧繚繞、多雨濕氣重，孕育出的稻米、蔥，及其他作物，品質特別好。

在三星鄉有個「行健村」，是一個平均年齡 65 歲的典型農村，為了維護農地的永續經營，裡面有一群農友堅持採用無毒、無農藥、無化肥的有機農法，組成「保證責任宜蘭縣行健有機農產生產合作社」，推廣 100% 台灣在地的有機好食材。

出身三星小孩的陳經理，經營合作社最大的成就感，就是把農產品賣到供不應求，而且，以前是農友會跑去不同的農夫市集賣他們種的產品，現在則是由合作社開辦了屬於行健社區的農民市集，讓來宜蘭玩的人，可以買到最新鮮的農產品，也讓在地的農友，有可以直接販賣，賺進最大利潤的管道。

這是行健合作社跟其它合作社最大的不同，他們站在農友的立場在想事情，而且用一種有活力又活潑的方式，將行健社區的產物介紹給消費者。

台灣每年的五月至九月，一直都是炎熱的天氣，這樣的氣候是盛產秋葵好時機。「秋葵」的台語叫做「烏骨仔」（Oo-kut-á），從日語的「オクラ」（Okura）演變而來，坤漳伯種的「烏骨仔」，體型實在大到不像話，營養非常好，該如何料理最好吃呢？只要去掉頭，然後用大火滾水過一下，就會如同翡翠一樣翠綠。淋一點醬油膏，就是坤漳伯最推薦的吃法，他說，東西品質好，不用過多的調味就很好吃，又脆又甜！

原來，行健社區適合有機種植是有它先天優勢的。本身有兩條溪包圍成一個隔離帶，排水系統重新規畫後，採用灌溉與排水分離，安農溪進水，行健溪排水，這個作法，能有效避免灌溉水被污染。這裡溪水的水色，不是清澈透明的，是因為裡頭含有雪山山脈沖刷下來的礦物質，這裡的農友認為他們種的作物特別好吃，就跟水裡有豐富的礦物質有關係。

合作社的農友，其實個個都身懷絕技，例如第一批投入做有機的福耀伯。福耀伯主修芋頭，他最常拿芋頭跟芋梗做成

1

2

3

1. 台灣以農立國，北台灣的宜蘭三星水質乾淨，種出良好的稻穗。 2. 只需要簡單汆燙，就可以吃出秋葵好滋味。
3. 福耀伯說得一口芋頭經。

芋粿，不過他跟他老婆有偷吃步，不會從磨米開始，而是直接用米粉下去煮，祕訣就是芋頭切丁下鍋要跟配料一起炒過；另一個祕訣就是不要怕下油，他說，現代人怕胖不吃油，很多人吃了他們家的芋粿覺得自己學著做怎麼少一味，後來發現，原來是捨不得用油把芋頭跟配料炒香。炒完配料之後，把它跟調好的米漿一起煮熟，接下來就是放進模裡面，進電鍋二次蒸熟定型，完成的芋粿，好似稍微裝飾一下就可以拿來做生日蛋糕！

就經濟價值而言，芋頭的價錢絕對高於芋梗，沒有菜農種芋頭是為了摘芋梗的，而是因為芋頭在生長期間的蔓延性很強，常常一棵主幹芋頭周邊會再生長出許多旁枝。為了不讓這些增生的芋頭瓜分了主枝芋頭的養分，就必須一一摘除，這便是芋梗的來源。所以芋梗料理，可以說就是農家的限定私房菜！

4. 米穀粉結合南瓜子做成的餅乾，健康無負擔。

　　笑起來可愛，講話很有親切感的素華姐，她除了是合作社的成員，也是最喜歡研發新產品的智多星。本身有種米的她，最近的興趣，就是用米做的米穀粉來做餅乾。米穀粉做餅乾，跟用麵粉做餅乾其實沒什麼太大的差異，但素華姐為了健康，她選擇用自己種的南瓜煮熟磨成泥，替餅乾增添風味，更加入南瓜子，並且改良食譜做成減糖的健康口味。不說還真不知道它是用米做的哩！

　　還有這道獨家的炊冬瓜肉，裡面不只放了主席自己醃的鹹冬瓜，還有小黃瓜醬瓜，再淋上自己做的米酒，加上一顆蛋，還要放一點糖來平衡鹹味，攪拌均勻之後，將所有的料鋪平，表面再灑上剁碎的蒜頭，最後放進電鍋炊 20 分鐘，一碗香氣十足，令人垂涎三尺的冬瓜肉就完成了。不騙人，這真的會忍不住想再多嗑一碗白飯，因為這款滋味，外頭實在吃不到啊！

5

6

5. 行健村的家常菜，體現農友的用心，以及滿滿的人情味。 6. 人家說：一粒米，百粒汗（Tsit li̍p bí, pah li̍p kuānn），正是這群勤奮做穡人的寫照。

　　滿滿一桌的農家料理，有古早味也有創新，在這群快樂的農人身上，看到台灣最美的特質，那就是認真過好每一天。俗語說：「犁頭做穡，擔頭做人」（Lê thâu tsò sit, Tann thâu tsò lâng）意思是腳踏實地做好份內工作，並實實在在、無愧於心的做人，行健村的這群「作穡人」（Tsoh-sit-lâng），他們做了一輩子的灌行農業，到老才開始做有機，如今，十幾年過去，有機做的有聲有色，重新開始一個新的生活方式確實很不簡單，不過，認真打拚的台灣精神，正鼓勵著我們，無論如何終會迎來好天，就像行健的有機夢可以快樂實現一樣。

173

Penghu

澎湖

# 吃貨收藏的祕密基地

由九十座島嶼散落在台灣海峽，如同一串美麗珍珠的澎湖，湛藍的海水，無污染的海域，因為黑潮支流和南中國海季風流的冷暖海流交匯下，讓澎湖海域得天獨厚，盛產各種魚、蝦、螺、蛤等豐盛海產。

馬公，清代舊稱為「媽宮」（Má-king），得名自澎湖天后宮，是澎湖群島的政經文化及交通重鎮，也是澎湖面積最大、人口最多的地區。這裡的北辰市場是馬公市最大的市場，也是澎湖最重要的傳統市場，從凌晨四點就十分熱鬧，可以說是整個澎湖的心臟，也是本地居民生活採購的中心。

北辰市場中從新鮮蔬果、雞、鴨、魚、肉到五金雜貨，一應俱全，不過，最吸引人的還是那令許多遊客慕名的庶民美食。

他是北辰市場攤子口中的老張，幽默風趣，一年四季總穿著「吊神仔」（Tiàu-kah-á），每天凌晨一點起床，從凌晨三點開店到收攤，手永遠沒停過。傳承自老丈人的手藝，至少 50 年以上的「老張燒餅舖」，早上四點就開始營業，一年只休一天，琳瑯滿目的攤上有一個個真材實料用手擀出的烤餅，除了傳統古早的槓子頭外，不管是甜的還是鹹的燒餅，口味全都源於他創意的研發。

除招牌燒餅外，甜的就屬這味「焦糖燒餅」，外層有著滿滿的糖粒與焦糖包覆，咬起來的口感十分酥脆，絕對適合下午配著咖啡享用；鹹的則有蔬菜包餡鹹燒餅、烤片等，看似簡單的麵皮製品，卻有的如同法式可頌般的層次口感，香氣十足。

「肉圓姨！肉圓姨！」她是陳美華，整個菜市場都叫她肉圓姨，肉圓是她兒時的乳名，賣的是澎湖道地媽媽味「金瓜麵猴」，這個好滋味在北辰市場已經傳香二十多年，永遠笑盈盈的臉和爽朗的笑聲，成了她的金字招牌。

「麵猴」就是麵疙瘩，是當地人的稱法，「金瓜」（Kim-kue）就是南瓜的台語，澎湖有名的就是絲瓜與南瓜，老闆娘將兩者與麵疙瘩融為一體，配上澎湖特產的新鮮小卷、一大塊金瓜，肉絲再加上半顆滷蛋，就是一碗澎湖人超級豪華的海味早餐；除了金瓜麵猴，肉圓姨還有另一個受人客歡迎的招牌料理，餡料豐富有海味，放眼全澎湖，只有這裡吃得到。

1. 老張燒餅舖沒有招牌，老闆的穿著與燒餅的香氣，就是他的正字標記。 2.比拳頭還小的迷你粽，蛋黃、肉塊等內餡卻一應俱全。 3.「麵猴」是澎湖人對麵疙瘩的稱法，每份都由老闆娘親手現做，看似簡單，味道卻不凡。

一口小肉粽是每天的限定口味，因為製作繁瑣，每一樣餡料都需要分開處理，最重要的包粽又需要耐心與技術，每天最多也只能綁七百至八百顆，常常手指頭都會抽筋，但看到人客開心的吃，肉圓姨也就覺得心滿意足。

澎湖的地理優勢，不僅有許多當季限定的各式水產，琳琅滿目的海鮮種類，就連魚肉也特別新鮮、有味道。靠海養大的

澎湖人，把各種可能的海味融入各種日常小吃，成就另一種獨特的在地美食。

在地飄香四十年的鹹粥，最早從北辰市場起家，後來搬到文澳市場，堅持只用最新鮮的旗魚製作湯鮮味美的鹹粥，呈現魚粥的原汁原味。五年前，八十四歲的阿嬤退休，由八歲開始就跟著攤頭長大的第三代頭家王志傑，隔代接棒傳承阿嬤的好手藝。

4. 阿婆鹹粥料多實在，現由第三代接棒，延續好味道。

鮮甜的魚粥，從湯頭到魚肉，每一樣都是主角，都必須經過費時耗力的製作過程，天色未亮，老闆就要比別人更早起床，先將醃製好的旗魚丁水洗、鹽炒，再燜煮帶到攤頭，接著開始洗米、下花枝漿、熬鹹粥的高湯。光是一樣花枝漿，前置作業就非常耗時費工，必須在前一天下午，解凍花枝，再去頭、去除內臟，為了不影響賣相，花枝還得經過剝皮處理，待攪拌打漿完成後，加入鹽、糖、胡椒、豬油再加入馬鈴薯澱粉增加黏性，不只在澎湖受歡迎，更是全澎湖唯一銷往美國的鄉土美食。

第三代頭家王志傑，退伍後曾在台北從事電子業，因為不習慣快速的生活步調，決定重回成長的家鄉和阿嬤一起這道在地好味道。王志杰表示，除了不習慣大都市的車水馬龍，最重要的還是想念故鄉藍色的海水、鹹鹹的風，以及市場裡的人

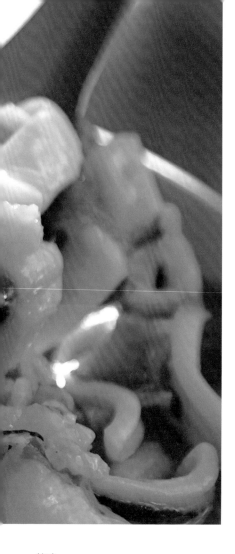

5

6

6. 碗中逐一放入魚肉、芹菜末、油蔥酥，舀入高湯，鹹粥、花枝漿入水做花枝漿湯。澎湖新鮮食材在色澤與溫度，隔著照片都能夠想像鹹粥的美味。

情味。

即使文澳市場在澎湖人眼中已經沒落，攤商日益減少，但絲毫不減老闆對老味道的堅持，他依舊每天在市場裡準備新鮮的食材、熬煮熱騰騰的魚粥，為的就是將這樣的美味傳遞下去。

有人說，澎湖的土會黏人，黏的讓人離不開，或許，這就是為何澎湖人懂

吃、會吃，也能熬，他們早已習慣與大海的平靜與暴烈共存，也懂得在強勁的東北季風下展現無比的韌性，更像當地各種生猛的食材一樣，擁有強悍的生命力，百折不饒。

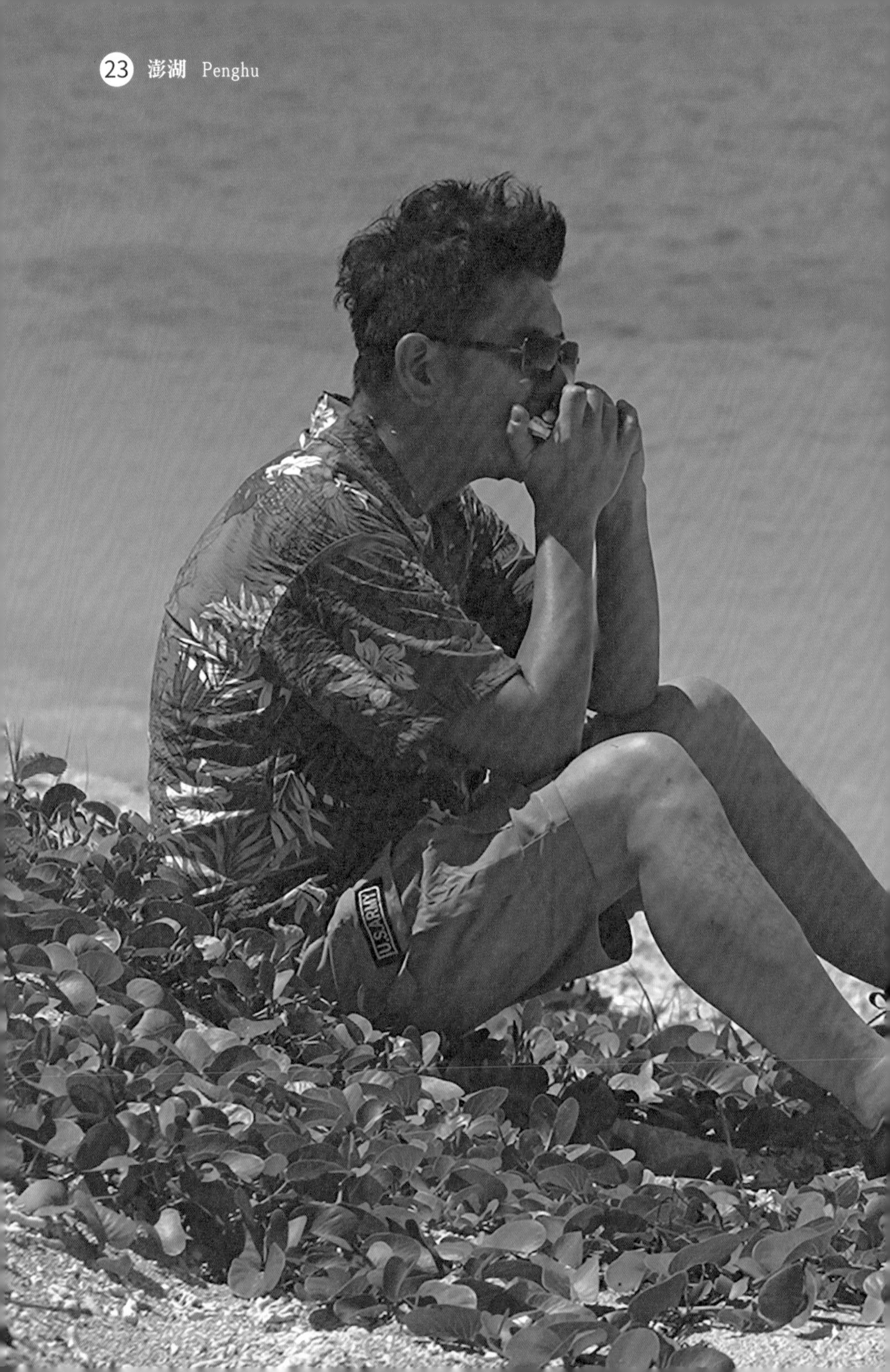
U.S.ARMY

8. 嘗過澎湖美味、吹過澎湖海風、感受澎湖寧靜，讓人短暫忘卻煩惱。

Penghu

澎湖

# 海底的流動寶石

位於澎湖縣白沙鄉東北方的赤崁碼頭，附近有許多旅遊景點，在周圍的島嶼也可以浮潛、欣賞海底景觀，及其他各種水上活動等，是澎湖觀光的熱門地帶。

赤崁（Tshiah-khàm）是北澎湖最早形成的聚落，「崁」在台語中有「高地」的意思，因海岸上露出的玄武岩呈現紅色，昔日被稱作「大赤崁」，相對於聚落南側的「小赤崁」村落而得名。是北部三個離島村落的聯絡港口，也是白沙島的海陸交通樞紐，戰後才逐漸成為白沙鄉的地方行政中心。

這裡的赤崁碼頭是白沙鄉最重要的捕丁香魚港口，澎湖大部份的丁香魚皆來自於此，九月下旬的已進入丁香魚季的尾聲，因為澎湖海域開始颳起北風，漁民們把握最後的時間出海，進港補給冰塊，準備出海捕撈。

為了保持漁獲的新鮮，漁船在出海前的最重要一站就是要先在船艙中注滿冰塊和碎冰，這些冷藏保鮮魚獲用兩百公斤的大冰角，都是用自來水經過 36 小時冷凝而成。當年，黃志文的爸爸以畢生積蓄投資製冰設備，父親的心血結晶，三十多年來屹立在赤崁漁港旁，黃志文兄弟倆沒忘

過父親曾告誡：「只要村子還有需求，製冰廠就不能停」，憑著這股強烈的使命感，兄弟倆決定接棒父親的志業。

黃志文描述，以前日本時代，阿公在這裡用小船石滬抓丁香，當時就知道丁香不錯，對骨頭好……北海則因為珊瑚礁特別多，丁香會在這邊產卵迴游，長年下來滋養整個村莊，技術也這樣流傳下來。

每年的四月到九月是丁香魚季，若來到這裡，隨處可見曬魚乾的場景，白色的魚乾在太陽光下閃閃發亮，空氣散發淡淡的鹹香味；秋天北風起，對於白沙的居民來說，秋冬就是海洋休養生息的季節，他們會把夏天的漁獲以曬乾或醃製的方式延長海鮮的賞味期。

例如丁香干貝醬，材料簡簡單純，裡面只有赤崁出產的小丁香、辣椒、蒜頭、蝦米、干貝、糖和豆瓣醬，沒有加過多的辛香調味，就是要吃出海鮮的原味。

1

2

3

1. 這片潮間帶，是許多澎湖人賴以為生的依據。 2. 丁香干貝醬老闆黃志文。 3. 各種漁獲是當地漁民的營養來源，也是重要的料理食材之一。

製作丁香干貝醬非常費工，辣椒必須先攪碎再脫水，水分要脫到最少，色澤保持鮮豔亮紅，才能增加保存期限；另外，每一樣原料都要分開炸、分開處理，炸的火候，時間掌控也很重要。

攪拌醬料是個重要的過程，炸好的材料依序加入，用大鏟不斷翻攪，讓料能均勻融合，這個動作都不能停，才能避免焦底，做好的醬還需要迅速裝罐抽真空，增加儲存時間。

赤崁擁有天獨厚的漁場資源，這裡的居民可說都是靠丁香魚養大的，餐桌上幾乎都看得到丁香魚，但他們卻永遠也吃不膩，還將丁香魚變化各種不同氣味的家常菜。經過黃媽媽的巧手，小小的丁香魚化身不同的滋味，可以是主角也可以是配角，像這道黃媽媽的手路菜「味噌丁香魚湯」，把味噌、丁香魚和昆布熬湯二十分鐘，就是非常鮮美的高湯，再加入龍膽石斑魚塊和豆腐，一小碗便嚐得到滿滿的海

4. 丁香干貝醬的形成，需要多重複雜的程序

鮮美味。

攪拌醬料是個重要的過程，炸好的材料依序加入，用大鏟不斷翻攪，讓料能均勻融合，這個動作都不能停，才能避免焦底，做好的醬還需要迅速裝罐抽真空，增加儲存時間。

赤崁擁有天獨厚的漁場資源，這裡的居民可說都是靠丁香魚養大的，餐桌上幾乎看得到丁香魚，但他們卻永遠也吃不膩，還將丁香魚變化各種不同氣味的家常菜。經過黃媽媽的巧手，小小的丁香魚化身不同的滋味，可以是主角也可以是配角，像這道黃媽媽的手路菜「味噌丁香魚湯」，把味噌、丁香魚和昆布熬湯二十分鐘，就是非常鮮美的高湯，再加入龍膽石斑魚塊和豆腐，一小碗便嚐得到滿滿的海鮮美味。

因為丁香魚，把全家人的關係緊緊相連，共同打拚、各司其職，這一片海，乘載了澎湖人的思念、感情、牽掛，以及責任，每一艘船都撐起無數家庭的生計，這

5

6

5. 黃媽媽可以將丁香魚變做各式各樣的美味料理，圖為味噌丁香魚湯。 6. 炸棗是澎湖人重要的傳統點心，白芝麻為花生餡，黑芝麻為紅豆餡。

些海底的流動寶石，在太陽下閃耀著白色光芒，百年來一代傳一代。

臉上總帶著甜美笑容的辛婉怡，是澎湖返鄉的青年之一，畢業後原本想當老師的她，因面臨父親中風，一手創立的餅舖瞬間停擺，熟客上門卻無貨可賣，她想到父親多年的心血可能付諸東流，讓她難以割捨，決定回家扛下重擔，傳承這專屬於澎湖的古早味。

炸棗是澎湖的傳統點心，在澎湖人心中，它不只是解饞的零嘴，還扮演著

重要的文化角色，在喜宴中的男方回禮、大廟完工、新居落成等，炸棗就象徵著好彩頭，是澎湖人記憶深處共同的古早味。

製作炸棗可是一點也不輕鬆，天未亮就要開始打麵糰，再將紅豆、花生包入內餡，接著下油鍋，同時忍受高溫潮濕的環境。炸好的炸棗要先冷卻，才能有軟嫩的口感，必須趕在早上六點前送入傳統市場，讓大家吃到最新鮮的古早味。

有意思的是，澎湖人還有一個心照不宣的秘訣，他們可以一眼看穿炸棗是包什麼

7. 期盼米香、炸棗的記憶能永久傳香。

內餡，因為早期澎湖的糕餅店有個不成文的默契，若是花生餡，表皮都裹白芝麻，紅豆餡則裹黑芝麻，沒有包餡的則是黑白芝麻都要撒，這可是澎湖人才有的「獨門工夫」！

當年，辛婉怡的父親中風倒下，沒有人知道他的配方，光是重現父親的手藝和味道，她和母親花了不少心力和時間反覆嘗試，最終做出爸爸原始的風味，也讓餅舖順利度過無人接管的危機。第二代的辛婉怡，身負重任，她把澎湖特有的飲食文化保留、傳承下來，無論是米香、炸棗或是三節的傳統糕餅，她從磨米、揉麵、分糰、包餡、油炸，到分裝、送貨，每一個環節都親力親為。她始終盼望，能夠把澎湖的老味道讓更多人嚐到，並留香百世。

人稱澎湖是台灣海峽最美麗的珍珠，因為先民世世代代的努力，流傳下來的是澎湖的農耕和漁撈技術，不僅餵養每一代的澎湖人，也形成澎湖群島獨特的文化特色。因為有這些豐富的好食材、在地人的好手藝，以及懷念的人情味，才能共同打造出澎湖群島迷人的海陸滋味。

Kinmen

金門

# 發酵溢散的高粱滋味

自 1949 年國民政府全面遷台後，金門便成為台灣與中國軍事角力的前線，經歷了「古寧頭大戰」、「大二膽戰役」、「九三砲戰」、「八二三砲戰」及「六一七砲戰」。一直到 1994 年金馬地區解嚴，金門長期戰地角色的肅穆氣息才逐漸褪去。昔日的戰備碉堡、建築，以及坑道，今日都成為豐富的旅遊資源，只要走在金門的街道上，就能從沉靜的戰地史蹟中，感受到這裡驚心動魄的過往。

這些故事都建立在年雨量稀少，土地貧瘠的環境上，好似呼應金門戰地風光的堅毅，這塊土地雖不宜種稻，卻可以產出香味濃郁的食材。金門有特別的天候及土壤，在裊裊瀰漫的發酵香氣之中盛產高粱酒，氣味香醇又濃厚，這麼好的品質，讓金門高粱酒，聞名全世界，是其他地方所無法比評的。

風吹草低見高粱，是金門日常的田園風景，吃盡海風鹽分的土壤，造就環境的嚴峻刻苦，卻依舊能看到金門農作的飽滿芬芳。因為雨量偏低，土壤又大多屬於砂土，保水能力差，卻是適合栽種高粱的環境。目前，這些搖曳的高粱，由金門酒廠保價契作，是全世界單價最高的高粱，因為有著高粱農民的努力，金門酒廠根本不用擔心高粱的來源不足。

釀造好酒需要好的環境，而金門的花崗岩地質，過濾出來的水質，富含礦物質和微量元素，再加上金門擁有特殊海洋型氣候衍生出的獨特菌種，非常適合釀酒所需的微生物生長。經過過濾的水質成為釀酒的最佳材料，加上嚴選精純的高粱及小麥製麴，讓高粱酒的製作有了個美好的開端。

金門高粱的製造過程，主要可以分為「製麴」、「釀酒」、「包裝」、「窖藏」四個階段。釀酒之前，要先「製麴」，「麴」（Khak）是以小麥製成，將小麥磨成粉再攪拌，最後用機器做成方形的麴塊。

這些麴塊，會被送去麴間進行「培麴」，讓微生物附著在上頭，這個過程需要適時的用人力翻轉，才能讓它發酵均勻，同時，也要精確控管麴間的濕度與溫度，才能讓微生物起到最高的效用。

培麴的時間，大概要花費一個月的時間，讓微生物的活動力到達最旺盛的狀態，然後在最有活力的時候用掉它。經過加水浸泡，蒸煮讓高粱糊化，讓微生物更容易附著；冷卻後的高粱，可以跟麴粉攪拌在一起，並送入發酵池進行發酵。這樣

1

2

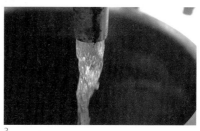

3

1. 美麗又純樸的金門閩南聚落，難以想像曾是戰爭最前線。

的固態發酵，雖耗時較長，成本也較高，但出來的酒口感極佳，風味相當豐富。

發酵好的高粱，再摻入穀殼，放入蒸鍋中蒸煮，蒸餾出的酒，順著氣管循環，冷卻，流出的液體，就是新出爐的高粱酒，稱為「一頭鍋」。經過第二次發酵所蒸餾出來的酒，稱為「第二道酒」，也就是「二頭鍋」，較無高粱雜味，較香也較為順口，這樣出爐的酒精濃度，最高可達八十幾度。

經過在金門酒廠翻麴，攪拌，發酵，相當多的程序，一杯小小的高粱，是多麼得來不易。喝著辛苦得來的第一杯酒，那個回甘，毫無雜味，且十足的酒香，讓人短暫忘記方才的辛勞！

早年，金門因為軍事對峙，所以擁有許多地下的戰備坑道，隨著兩岸戰爭趨

193

4. 歷史遺留的痕跡，意外成為儲酒的絕佳所在。

緩，這些隧道也轉為其他的用途。而金門花崗岩所開通出來的坑道，常年恆溫，恆濕，就成為了儲酒，催熟酒液的最佳地點。

這些陶瓷製成的酒甕，相較於不銹鋼材質的酒槽，它的催熟效果較快，還會有額外的香氣，但陶瓷製的酒甕，其酒液也較容易耗損，這也就是這些老酒為什麼珍貴的原因。

高粱早已融入金門人的日常生活，走過金門酒廠的廠間及坑道，以及街頭巷尾，就會發現，只要是有賣吃的店家，幾乎都瀰漫著些微的發酵香氣。畢竟金門盛產高粱，所以不少店家研發出多樣化的高粱美食，「嗆蟹」，就是其中一種受歡迎的高粱美食。

嗆蟹在金門當地的閩南語唸法叫「Chhin koeh」，金門閩南語與台灣台語不太一樣，台灣的「蟹」，一般台語稱「紅蟳」（Tsîm-á）或「毛蟹」（Môo-hē），但是金門閩南語的蟹則是稱作「Chhin-a」，而「Koeh」寫作漢字為

5

6

5. 梭子蟹台語漢字寫做「蟳仔」（Tshih-á），在地人稱金門蟹，是嗆蟹的主角。 6. 沒有高粱的加持，無法成就這一道肉質鮮美的嗆蟹。

「膎」，意指以鹽醃製的魚蝦蟹或肉類，兩者合在一起，就是在說「嗆蟹」這道菜。

被譽為金門必吃美食「嗆蟹」，主角大多為梭子蟹（蟳仔，Tshih-á），俗稱金門蟹，蟹肉細緻味美。製作時會將活的金門蟹刷洗乾淨後，以高粱酒和鹽醃泡冷藏入味，吃起來肉質軟綿細滑、蟹黃軟凝如脂，是下酒好菜。

過去金門的螃蟹數量很多，在沒有冰箱保鮮食品的年代，大多用鹽巴醃製保存螃蟹，再加上以前較吃不到白米，因此，幾乎都是吃地瓜配螃蟹，或者將螃蟹蒸、煮，醃製可以讓螃蟹放久一點，還可以省菜，所以人們才會想出把螃蟹醃製成嗆蟹。

醃製過程加入高粱除了可以殺菌提味，也能降低螃蟹本身的寒性，吃起來更有淡淡酒香。古早當地人在外面抓的螃蟹有些太小，又覺得丟掉浪費，所以才會製作成嗆蟹，經過多年累積，演變成現今必吃的金門美食，每吃一口，就能體會當時那難能可貴

的好滋味。

位在金城鎮熱鬧模範街貞節牌坊附近的良金牧場，是當地唯一有牧場的專業工廠。雖然牧草不多，卻飼養了不少牛隻。這邊的牛隻吃著酒糟長大，一切的起因，都源於高粱銷量節節高升的時期，釀酒產生的高粱酒糟，由原本的 30 噸，慢慢增加為 40 噸、60 噸，遠超出金門所能消化的食品廢棄物量。為了解決日益增加的高粱酒糟，政府提議農民養牛，讓牛以酒糟為食，來消化酒糟數量，而金門的酒糟牛，也因為吃了酒糟之後，皮膚更光滑，也較一般牛隻相對健壯。

酒糟富含蛋白質，對牛來說是很好的食物，經過發酵，蒸餾的穀物熟蛋白，讓牛肉的風味達到優異的品質，酒糟養大的牛隻，肉質 Q 彈，且有淡淡的酒香，吃了酒糟牛之後，不用擔心酒測，只需留意「醉心」，數量有限的溫體牛肉，更是不能錯過。

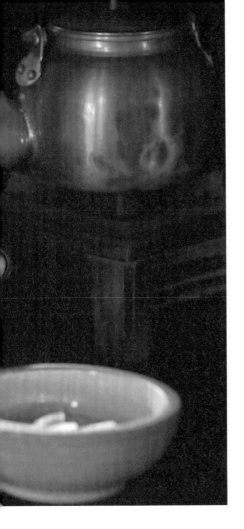

8

9

8. 金門獨有的酒糟牛肉麵，絕對是饕客必吃的一道料理。 9. 酒糟牛肉的油花分布均勻，光看色澤就可看出品質良好。

溫體牛肉麵，將牛肉另外放置，先不加入湯中，直到餐桌上，才用裝著高湯的水壺，將高湯淋在溫體牛肉之上。溫體牛肉一遇高湯，瞬間煮熟，親身體驗這樣的畫面，會讓視覺跟嗅覺同時得到滿足。

走一圈牧場，與想像中牛隻畜牧的景象截然不同。從最初因為酒糟問題而誕生，再建立起在地食物循環牧場，將畜牧在金門從不可能變可能，可以看出金門人堅毅不拔的精神。

用心傳承的傳統美食，口味富含地方風味，在食材裡面加入高粱的滋味，不管是嗆蟹還是酒糟牛肉，每一樣菜都令人印象深刻，在享受美食以及美酒的過程中，得以對金門在地產業，以及飲食故事有進一步的認識，有空來金門走一趟，就能夠感受不一樣的台灣味。

Kinmen

金門

# 烽火退去的美味

金門（Kim-mñg）舊名浯州，在明代洪武年間（1387），以地理形勢鎮守福建東南海口，取「固若金湯，雄鎮海門」之意，將「浯洲」易名「金門」。1949 年兩岸分治後，金門曾扮演近五十年的前線要員，留下許多戰地史蹟，也有許多珍貴閩南式的傳統民宅及巴洛克式洋樓。

隨著兩岸關係趨向和緩，加上各界極力爭取之下，國防部於 1992 年 11 月 7 日宣佈金門解嚴，正式結束長達四十三年之久的戒嚴。隔年開放觀光，也讓金門從神祕的軍事面紗中嶄露它獨特的風情。

金門的飲食文化除了承襲著中國閩南的風格外，同時也融合很多在地食材的特色，並持續變化著。古色古香的歷史建築、古蹟，以及懷舊的店面，金城老街保存著最純樸的原貌。

這裡有各種生活百貨，也有多樣的美食小吃，補充金門人早晨能量的食物，就非廣東粥莫屬。廣東粥是一般常見的食物，不過，在金門的作法和我們所熟知的有很大的不同，廣東粥在金門叫「bêr」（糜），是將米煮到化在湯裡頭而不可見。

粥的湯頭是用大骨下去熬煮，形成香氣濃厚的大骨湯。老闆的料理都是手工為主，磨米的時候也是，一隻手用勺子攪拌，另一隻把米倒入鍋中，兩隻手同時行動，將米熬到完全融入大骨湯內。

老闆一切依循古法烹製、用料豐富且實在，專注處理每一道步驟細節，拿捏加料的時間。特別是煮粥的火候要足，時間不能縮短，否則就會走味，所以，越是簡單的日常料理，流程就要十分細心！

吃粥配油條，是我們平常熟悉的吃法，而金門的油條，幾乎是台灣的兩倍大，用手拿著、沾著粥來吃是金門獨特的享用方式。金門油條用老麵製作，不使用蘇打粉，也不使用硼砂，經一晚發酵後，第二天早上再炸，炸的時候將兩條麵團捲成一條，讓老麵團帶動新麵團，所以炸起來雖然較軟，但口感卻非常有韌性又耐嚼。

特別是老麵團的發酵會受季節影響，夏天氣溫高容易發酵，所以口感不好拿捏，到了十月、十一月秋冬，就是最適合老麵團發酵的時間。來到金門，吃粥沒有配上油條，不算是吃過正港的金門粥。歷經戰亂時期的無米之炊，粥，成了金門度過難關

1. 撥動琴弦，餘音繞樑，在金門傳統的閩南建築前別有一番風味。 2. 一樣是「粥」，不同於本島常見的口味，連在地閩南語稱呼的「bêr」，也跟台語的「muê/muâi/bê」有差別。 3. 吃金門廣東粥，油條是必備的搭配品。

的吃法，蛋花與湯頭完全融合，在加上肉料，搭配油條，一道早餐，可以讓人十分飽足，好吃到，連碗內最後一點的湯汁，也要用油條好好的沾抹，最後收入口中。

金門人的傳統早餐，除了粥之外，就屬蚵仔麵線了。一根一根的花岡岩石條，上面依附著石蚵，在金寧鄉的古寧頭村海域形成特殊「以海為田」的景象。

這些沿海的石蚵，在潮間帶經歷風吹日曬，一天有兩次的漲潮與退潮，與台灣的石蚵相比，金門的石蚵體型較小，但卻保有高鮮度，就像是濃縮咖啡一樣，水分減少，好滋味卻沒有流失，反而保留在小小的軀體之中。

早期從福建傳入的石蚵養殖，成了在地人世代相傳的產業。開始打開火爐，加入油及香蒜，村長夫人正在為辛苦的蚵農

4.「北仔餅」吃出簡單食材的好滋味，也感受純手工製成的溫暖細膩。

料理石蚵麵線。將清水倒入裝著石蚵的碗中，用手撥動裡面的石蚵清洗乾淨，再把肥美的石蚵倒入鍋中熬煮，沸騰的鍋中，石蚵反覆流動，內料互相碰撞，熱氣緩緩上升，看起來讓人口水直流！

最後，把金門特有的白麵線放入，配著些許的肉料，完成之後，石蚵那鮮甜彈牙的模樣，配上有嚼勁的白麵線，吃下去，絕對可以消除工作一天的疲勞。剛煮好的石蚵麵線，有著滾燙的湯頭，Q彈的石蚵與金門白麵線，這幾樣食材在大骨湯

裡頭，形成了絕配。

金門，因為地理位置特殊，美食也相當多元，其中，很有名氣的就是閩氏燒餅，不過，閩式燒餅卻不是起源於福建，是差不多在 1940 年代由的大陸北方人，隨著部隊來到金門，把故鄉燒餅作法一起帶到金門，因此，「閩氏燒餅」在金門也被稱為「北仔餅」。

沙美老街周遭，有不少老字號傳統小吃，這裡曾是金門最熱鬧的街區之一。是

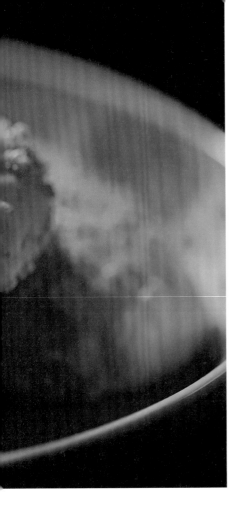

5

6

5. 不管是擎蚵還是剝蚵，都有相當的難度，常會不小心刮傷手，但這是金門人生活的一部分。 6. 麵線中的石蚵肥美飽滿，替這碗麵線加分不少。

過去駐島軍人採買生活用品、看電影的去處；如今，仍然可以在老街品嘗到許多傳統風味的小吃、感受傳統的樣貌。

老街上，許多地方仍然停留在三十年前的樣子：來到這邊，彷彿時間倒流，斑駁的門面、磁磚製的招牌，還有許多傳承三十年的特色美食。在這裡，可以在閩式老宅裡吃著金門風味的甜點，都是紮紮實實從土地裡長出的味覺記憶。

一口酥的製作會先從芋頭的處理開始，刮皮，去除雜物，然後一塊一塊切成丁，成堆白色酥脆的方塊芋頭丁就這樣出現了。之後將麵粉處理，加入丁狀的芋頭，充分的揉，讓整個麵團呈現芋頭的紫色，反覆翻攪，讓質地更加細緻，接著用長形的器具讓一口酥成形。

到現在，他們還是用傳統器具來手工製作，將麵團用器具按壓，讓麵團進到器具當中，固定形狀，最後用力往桌子敲打，讓一口酥掉出，可以一口咬下的酥脆茶點就這樣產生了。老店就會有老店的堅持，就連老麵

團，都是用酵母低溫發酵，手工製作而成，一樣產品的製程至少需要 48 小時，利用最天然的技法，讓產品的風味提升，老化的速度延緩，然後不使用化學添加物。

承襲老祖宗的智慧，這項技法融入了餅舖的各式茶點，看似簡單的食材，卻是「粗餅細功夫」。

除了一口酥，紅龜粿也是金門民間流傳已久的糕餅，糯米做成團狀，再以粿模塑造成壽桃形、套錢形、龜形等具有吉祥寓意的花樣。印上風獅爺的圖案，內餡是金門傳統的花生，與我們平常所見的紅龜粿顏色相異，這邊的紅龜粿是金黃色的，保留地瓜的原色，看上去如同黃金一般的富貴。

蒸好的紅龜粿，在陽光的照射下，晶瑩剔透的金黃表皮，散發著光澤，看起來相當彈牙，沒有強烈的紅色，以樸實的地瓜原色作為敬天祈福的象徵。

從傳統的金門早餐，廣東粥配油條與石蚵麵線，再到一口酥與紅龜粿，走過閩南古厝與洋樓，看著烽火褪去後美麗建築，美好的滋味飄香，每一次的細細品嚐、咀嚼，都是專屬金門的懷舊回憶。

8. 金黃色的地瓜造出金黃色的紅龜粿，耀眼奪目。

# 撰稿人簡介

　　畢業於國立台北教育大學台灣文化研究所、南華大學傳播學系，曾任記者，現從事業餘文字工作，以及興趣使然的文化研究。

　　因緣際會下協助本節目的台語文稿校正與旁白指導，過程中也同步學習，期望透過自己的研究與理解，讓大家從美食生活中重新回顧台語的智慧，並且繼續使用這個美麗的語言。

　　很榮幸為節目內容撰稿，影像化為文字，雖談不上什麼文學價值，但希望可以藉由粗淺的文史介紹、簡單的台語詞彙，讓讀者在認識美食故事時，能夠有一點點不同的收穫。

－ 撰稿人 胡家銘

# 特別感謝 Special thanks to

新社采田福地、新復珍商行、享初食堂、阿義手工麵線、林家牡蠣、漁香甜不辣、艾比兒甜點、璞玉擂茶、黃子軒 REC&LIVE、東門市場、第二市場、三代福州意麵老店、茂川肉丸、天天饅頭、李海滷肉飯、慶峯製麵行、麵廊 Meelang、林全秀、金偉群漁業、就是鮮新鮮海產、南門市場、45 番食堂、芳月亭、二林第一公有市場、慶隆米店、阿源炸粿、宜蘭南北館市場、四海居小吃部、一香飲食店、古意人食品行、公平號潤餅、阿娘給的蒜味肉羹、豫中製麵廠、蘭陽糕餅鋪、國立暨南國際大學附屬高級中學、一誠堂、古記素食烘培、醒靈寺、清寶鹹油條總店、炎術天然飲品、醋王極品股份有限公司、施家肉圓、張蒸餃大王、、埔里酒廠、國立暨南國際大學許蕙玟老師、2fly.tw 埔里飛行傘、埔里西站商務旅店、舊金山總督溫泉、88 號水碼頭、汪汪地瓜園、金山阿郎手工炸物、金山市場早餐、劉記肉鬆、金山老街蕃薯粿、金山芋圓王、阿玉蔴粩、金山慈護宮、金山文史工作室郭慶霖老師、黃聖元、蔡慶鴻、苗栗市南苗公有零售市場、郭家莊醬園、幸福城烘焙屋、水上人家水晶餃、福記麵館、秀菊小吃坊、公館鄉林家古厝、雲鄉米干、忠貞眷村口麻辣滷味、美珍異國香料雜貨舖、弘昌旅行社有限公司、忠貞甩餅、雲南小館、台北市永樂商圈發展協會、永樂布業三樓自治會、臺北市公有永樂市場、民樂旗魚米粉、國風西服、林良號潤餅、曾元順刀剪店、鯉魚餐飲有限公司、李日勝有限公司、稻舍食館、Rice、&、Shine、李亭香食品有限公司、東港區漁會、東港漁港漁產品直銷中心 ( 華僑市場 )、佳珍海鮮餐廳、海明星生魚片專賣、東港昇旗魚丸、阿金海鮮代煮、金弘麻油花生行、金星雙糕潤、正美自然栽植、冰菓手作冰棒、華源海灣釋迦、三和定置漁場、Yeh's、Fish 葉氏海鮮、太麻里文創咖啡館、東東市、達魯瑪克森林產業團隊、林務局台東林區管理處、社團法人台灣好食協會、陶甕百合春天餐廳、國立台東大學、後山傳奇美食館、金土咖休閒莊園、翠安儂風旅、杜維育、曾學勳、臺東縣蘭嶼鄉椰油國民小學、小飛魚文化展演隊、蘭嶼阿東飛魚刈包、蘭嶼素人藝術家董美美、蔡玉妹、蘭嶼魚飛浪民宿、蘭嶼馬鞍藤民宿、Iraraley 部落文化教室、臺東縣蘭嶼鄉朗島村辦公處、蘭嶼天主教文化發展協會理事長、謝和英、花蓮光復第一市場、太巴塱紅糯米生活館、曾秀英、曾清安、王萬金、羅金元、羅阿妹、王靜英、阿和吳郭魚、福建街張家香腸、新味醬油、戴記扁食、炸彈蔥油餅德利豆乾、新の店光復、重慶市場、魯曉兒的菜園、慕名私房料理、泰泰廚房、中央市場、OH、LA、LA 法式薄餅、家常菜、芝蔴開門、Acer、沙鹿公有零售市場、丸志滴雞精、拉仔麵、群興農產行 ( 阿娟姨地瓜 )、梅子餐廳、王巧手湯包、阿義鳳梨冰、陳石城肉脯、COACH、三星鄉公有零售市場、三星「皮」雜貨店、保證責任宜蘭縣行健有機農產生產合作社、行健有機夢想村、宜蘭有機農夫假日市集、張美阿嬤農場、坤漳有機農場、福耀有機農場、阿華田庄、寬來順早餐、龍媽媽甜酒釀、劉家桂花燒雞、豫湘美食、文記左營上海蘿蔔絲餅、立賀佇遮、王家燻羊肉、泰香餅舖、金花點心攤、阿鳳肉粿、馬公市北辰公有零售市場、老張燒餅、金瓜麵猴、一口粽、菓葉農園、北非花園旅店、露露法式餐館、阿婆鹹粥、永翔海產專賣店、台灣澎湖地方檢察署、法務部矯正屬澎湖監獄、選哥鹹水鵝、菓葉農園海龍海產加工廠、文豪冷凍製冰廠、赤崁阿麗丁香魚、澎湖第三漁港魚市場、澎湖人魚之丘渡假旅店、永翔海產專賣店、旭西餅舖、西嶼二馬豆花、菓葉農園、嘉義東市場、東市場土產羊肉湯、新明津魚丸、白河火龍果園、劉里長雞肉飯、品安豆花、恩典方塊酥、斗六、西市場、、阿義羊肉、魷魚興嘴吃嘴魷魚嘴羹、三小市集、學藝農園、蓋兒手釀、程美釀、御頂興手工柴燒醬油、和平島魚市觀光大街、和平島 35 活海產、涂大乀吉古拉、吳家鼎邊銼、魚丸伯仔豆干包、李家貼鍋饅頭、金門酒廠、老六小館、古寧頭村辦公室、我家蛋糕、金永利鋼刀、良金牧場、陳景蘭洋樓、翁麗雲、翁慧齡、李開陣、黃子瀅、聯合廣東粥、和記油條、古寧頭村辦公室、閩式燒餅、良合餅舖、紅龜粿阿鸞姊 - 黃明鸞、老麵茶冰、哈辣兄弟、艾叻沙、台灣鹽酥雞、北港羊肉爐、陶醴春風婚禮會館、洪慈敏、洪誌謙、張寶蓮、李鎧至、張瑞倉。

愛　生　活　　0　6　7

咱台灣的味：收錄二十六集在地溫暖人情味，是
台灣最美麗的風景

國家圖書館出版品預行編目 (CIP) 資料

咱台灣的味：收錄二十六集在地溫暖人情味，是台灣最美麗的風景 / 中華電視股
份有限公司著 . -- 初版 . -- 臺北市：健行文化出版事業有限公司出版：九歌出版
社有限公司發行 , 2022.08
　　面；　公分 . -- ( 愛生活 ; 67)
　　ISBN 978-626-96057-4-3( 平裝 )

1.CST: 臺灣遊記 2.CST: 飲食風俗

733.69　　　　　　　　　　　　　　　　　　　111011306

作　　　者——中華電視股份有限公司
出版總監——李嘉元
撰 稿 人——胡家銘
責任編輯——天馬傳播事業有限公司
封面設計——張舒淇、洪子桂
內文排版——洪子桂、陳玉涵
攝　　　影——柯朝璋、劉志益、魏宗文、顏伯丞、謝其斌、張文揚
統　　　籌——趙佳儀
裝訂設計——洪子桂
編　　　輯——趙佳儀、張舒淇
校　　　稿——洪儀璇、廖燕婷、黃鈺菱
發 行 人——蔡澤蘋
出　　　版——健行文化出版事業有限公司
　　　　　　　台北市 105 八德路 3 段 12 巷 57 弄 40 號
　　　　　　　電話／ 02-25776564・傳真／ 02-25789205
　　　　　　　郵政劃撥／ 0112263-4

九歌文學網　www.chiuko.com.tw

印　　　刷——晨捷印刷股份有限公司
法律顧問——龍躍天律師・蕭雄淋律師・董安丹律師
初　　　版——2022 年 8 月
定　　　價——360 元
書　　　號——0207067
Ｉ Ｓ Ｂ Ｎ——978-626-96057-4-3
　　　　　　　9786269605750(PDF)
（缺頁、破損或裝訂錯誤，請寄回本公司更換）